Richard Filz | Janice Höber-Filz

Bum Bum Clap

Rhythmus und Body Percussion für 5- bis 10-Jährige

Rhythm One

Inhalt

▶ = Video-Clip

▶ = Audio-Aufnahme

Download
Die Video-Clips und Audio-Aufnahmen können Sie unter **downloads.rhythm-one.com/bbc/** mit dem Code **r9dbXcUNCG6m** herunterladen.

Vorwort

Ein energiegeladener Muntermacher am Morgen, eine kurze Klanggeschichte spannend erzählt, eine effektvolle Klangfolge wie *Stomp Clap Butterfly* souverän gespielt, ein freudestrahlendes „Fantastisch!" zur Belohnung – Kinder sind so schnell und einfach zu begeistern. Sie sind von Natur aus neugierig, wollen sich bewegen und unbekannte Dinge ausprobieren – die optimalen Voraussetzungen, um Kinder an Rhythmus und Body Percussion heranzuführen.

BUM BUM CLAP richtet sich an alle, die diese Neugier und Begeisterung teilen. An ErzieherInnen und LehrerInnen, die mit 5- bis 10-Jährigen rhythmisch-musikalisch arbeiten und nach einem aufbauenden Konzept, neuen Anregungen sowie abwechslungsreichen Spielideen suchen.

Auch wenn Sie bisher keine Erfahrungen mit Body Percussion gemacht haben und Rhythmus nicht unbedingt zu Ihren Spezialgebieten gehört, können Sie *BUM BUM CLAP* umsetzen, denn es verzichtet ganz bewusst auf die traditionelle Notenschrift. Stattdessen erfolgt die Darstellung sämtlicher Spielaktionen mittels **einfacher Abkürzungen** sowie einer **eindeutigen Farbcodierung.** Zusammen mit **zahlreichen Technik-Fotos,** detaillierten **Schritt für Schritt-Anleitungen** und den **Video-Clips zum Downloaden** liegt Ihnen ein Gesamtpaket vor, das Sie bei der Erarbeitung und Vermittlung der Ideen optimal unterstützt. Sollten Sie dennoch Fragen zu einzelnen Stücken, Workshops oder Fortbildungen haben, können Sie uns gerne unter office@rhythm-one.com kontaktieren.

Es gibt viele Gründe, die für Rhythmus und Body Percussion sprechen. Einer der Hauptgründe sollte aber in jedem Fall der **Spaß am gemeinsamen Musizieren** und die **Freude am Entdecken neuer Körperklänge und Rhythmen** sein.

Egal ob Sie mit Ihrer Früherziehungsgruppe, Ihrer Musikschulgruppe oder Ihrer Klasse musizieren, wir wünschen Ihnen in jedem Fall viel Spaß, Freude und Erfolg!

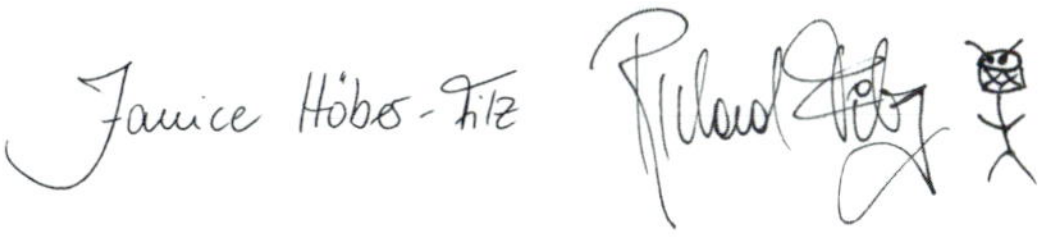

Das BBC-Konzept

Body Percussion macht Spaß und zaubert den Kindern ein Lächeln ins Gesicht. Doch in *BUM BUM CLAP (BBC)* geht es um weitaus mehr als nur um das Erzeugen von Klängen und Rhythmen mit dem Körper. *BBC* ist ein umfassendes, leicht verständliches Lern- und Förderkonzept mit zahlreichen positiven „Nebenwirkungen". *BBC* fördert:

- die Sprach- und Sprechentwicklung durch das rhythmische Sprechen
- die Körperwahrnehmung sowie die motorischen Fähigkeiten durch die vielfältigen Spielaktionen
- das Bewusstsein für die Rechts-Links-Differenzierung
- die Entwicklung der musikalischen Kompetenz durch die Arbeit am Puls-, Takt- und Rhythmusgefühl
- die Konzentrationsfähigkeit
- die Entwicklung der sozialen Kompetenz

BBC beruht auf den Erkenntnissen langjähriger rhythmus-pädagogischer Erfahrung und Forschung im Bereich Rhythmusschulung. In deren Folge hat sich gezeigt, dass Rhythmusarbeit und der Zugang zu Body Percussion erfolgreich sind, wenn sie altersspezifisch und unter Berücksichtigung des Entwicklungs- und Leistungsstandes der Kinder erfolgen. Außerdem lernen 5- bis 10-Jährige Rhythmus und Klangfolgen am besten über das Sprechen und vor allem spielerisch. Aus diesem Grund ist *BBC* ein **ganzheitliches Konzept,** das auf den Grundpfeilern **Sprechen, Bewegen** und **Spielen** aufbaut. Demnach wird erst gesprochen, dann werden Sprechtext und Body Percussion-Aktion miteinander verbunden und schließlich wird „nur" die Klangfolge gespielt. Verpackt in einfachen Merkwörtern, lustigen Sprechtexten und abwechslungsreichen Spielen merken die Kinder gar nicht, dass sie rhythmisch-musikalische Grundkompetenzen erwerben und üben.

BBC folgt einem in sich aufbauenden Konzept. Während das erste Kapitel dazu dient, die Kinder spielerisch an die verschiedenen Body Percussion-Klänge heranzuführen, werden diese in Kapitel 2 zu kurzen Klangfolgen zusammengefasst. In Kapitel 3 und 4 erfolgt die Anwendung des Könnens, nicht nur unter Berücksichtigung des jeweiligen Leistungsstandes, sondern auch im Hinblick auf die verschiedenen Situationen im Schulalltag. Mit Kapitel 5 kommt ein neuer Aspekt hinzu, gezielte Spielaktionen mit einem oder mehreren Partnern. Das stärkt nicht nur das Wir-Gefühl, es fördert auch die Fähigkeit, aufeinander zu hören, sich abzustimmen und zu synchronisieren. Kapitel 6 ist eine motivierende Zusammenfassung dessen, was die Kinder bereits gelernt haben. Die Actionsongs mit Musikbegleitung bereiten Spaß und bieten einen abwechslungsreichen Zugang zum Thema Rhythmus und Body Percussion. Die Kapitel 7 und 8 dienen der Anwendung, Vertiefung und Ergänzung des Könnens.

Das Material wurde sorgfältig zusammengestellt und erprobt. Die Altersangaben sollen Sie bei der Auswahl unterstützen. Ob sich ein Stück für Ihre Lerngruppe eignet, hängt unter anderem von Ihrer bisherigen Vorarbeit ab. Gehen Sie deshalb flexibel mit dem vorliegenden Material um und haben Sie keine Hemmungen davor, es zu verändern.

Tipps zur Vermittlung

- Treten Sie freudestrahlend und motivierend vor Ihre Gruppe.
- Sprechen Sie: „Wir nehmen bitte die Hände zur Hand!" Die Kinder antworten: „wRRRtz!" (= Bereitposition). Dazu: Körperspannung, Unterarme um 90° angewinkelt, Handflächen zueinander, Finger gespreizt, große Augen und ein kleines Lächeln. Erläutern Sie das Signal und die entsprechende Reaktion.
- Zählen Sie Übungen, Spiele und Stücke konsequent an. Im 4/4-Takt: „Eins, zwei, los geht's!", im 3/4-Takt: „Eins, zwei, (und) los!", im 2/4-Takt: „Eins, zwei, los geht's!"
- Unterstützen Sie die Kinder beim Empfinden des Pulses, indem Sie diesen sichtbar verkörpern, zum Beispiel durch Kopfnicken.
- Beenden Sie eine Übungsphase mit: „Fantastisch!". Die Kinder antworten mit: „Fantastisch!".
- Nutzen Sie die bewährten Erarbeitungsmethoden: Vor- und Mitmachen sowie Vor- und Nachmachen.
- Planen Sie Phasen der Wiederholung mit ein. Nur so können die Kinder ungewohnte Klang- und Bewegungsfolgen verinnerlichen.

„wRRRtz!"

„Fantastisch!"

Body Percussion 1x1

Spielposition

Ob allein, zu zweit oder in der Gruppe – Body Percussion kann zu jeder Zeit und an jedem Ort gespielt werden. Dabei wird am häufigsten im Sitzen oder Stehen gespielt. Wählen Sie für die Sitzposition einen Stuhl ohne Armlehnen, da diese hinderlich sein können. Achten Sie zudem auf eine aufrechte Sitzhaltung (Schultern und Oberarme locker) und eine optimale Sitzhöhe. Setzen Sie sich dazu an die Stuhlkante. Wenn die Füße fest auf dem Boden stehen, sollte sich zwischen den Waden und Oberschenkeln annähernd ein rechter Winkel bilden. Die stehende Spielposition ist eine willkommene Abwechslung zum Sitzen und lässt darüber hinaus sehr viel mehr Spielaktionen wie Schritte oder Sprünge zu.

Spielposition sitzend

Spielposition stehend

Kreis-Aufstellung

Die Kreisform ist für das Spielen und Üben in der Gruppe einfach ideal. Als Spielleiter* haben Sie alle Kinder im Blick. Auch die Kinder sehen einander und können so am besten miteinander spielen und voneinander lernen. Außerdem kann man im Kreis viel besser auf die Oberschenkel des linken oder rechten Nachbarn patschen und problemlos den Platz wechseln. Je nach Wahl der Spielposition ist eine Aufstellung im **Stuhlkreis** oder im **Stehkreis** möglich. In beiden Fällen ist auf einen optimalen Abstand zu achten, sodass die Schultern und Oberschenkel der Nachbarn problemlos erreicht werden können, die Arme gleichzeitig aber ausreichend Bewegungsfreiheit haben. Eine besondere Form des Stehkreises ist der sogenannte **Doppelkreis.** Dabei stehen sich immer zwei Kinder mit Blick zueinander gegenüber, sodass ein Innen- und ein Außenkreis entsteht. Bei Kreisspielen, die einen Platzwechsel vorsehen, gehen beide Kreise auf Zeichen (Ansage: „Ach-tung, wei-ter-geh'n!") nach rechts weiter. Das heißt, der Innenkreis bewegt sich im Uhrzeigersinn und der Außenkreis gegen den Uhrzeigersinn.

* Der einfacheren Lesbarkeit wegen wird jeweils nur die männliche Form verwendet.

BBC-Abkürzungen

Zur Darstellung der Body Percussion-Klänge verwendet *BBC* einfache Abkürzungen, wie z. B. „Br“ für Brustkorb. Die Farbcodierung macht deutlich, mit welcher Hand gespielt werden soll. So steht Orange für die rechte und Grau für die linke Hand. Die Farbkombination Orange/Grau meint, dass die Spielaktion mit beiden Händen gleichzeitig ausgeführt wird, z. B.:

Br = mit der rechten Hand auf den Brustkorb patschen

Br = mit der linken Hand auf den Brustkorb patschen

Br = mit beiden Händen gleichzeitig auf den Brustkorb patschen.

Ba	Bauch
Bf	Butterfly
Br	Brustkorb
Fk	Finger-Klatscher
Hk	Hohlhand-Klatscher
Hr	Händereiben
K	Flachhand-Klatscher
Kk	Kreis-Klatscher
KkL	Kreis-Klatscher links
KkR	Kreis-Klatscher rechts
Kn	Knie
Ko	Kopf
LOa	linker Oberarm
LOs	linker Oberschenkel
LS	linke Schulter
M	Mund
Mk	Maus-Klatscher
Na	Nase
Oa	Oberarme
Oh	Ohr
Ok	Oberkörper
Os	Oberschenkel
OsN	Oberschenkel Nachbar
Pek	Pendel-Klatscher
Pk	Partner-Klatscher
PkR	Partner-Klatscher rechts
Po	Po
ROa	rechter Oberarm
ROs	rechter Oberschenkel
RS	rechte Schulter
Rük	Rückhand-Klatscher
S	Schulter
Sk	Stern-Klatscher
SN	Schulter Nachbar
Sn	Schnipsen
Sp	Springen
St	Stampfen
Wa	Wange
Ze	Zeh
Zs	Zehenspitze

Body Percussion-Klänge

Klatschen

Das Klatschen gehört zu den differenziertesten Body Percussion-Klängen. So verschiedenartig die Handgesten sind, so vielseitig ist auch ihr Klang. Je nach Klatscher lassen sich laute oder leise, tiefe oder hohe Klänge erzeugen.

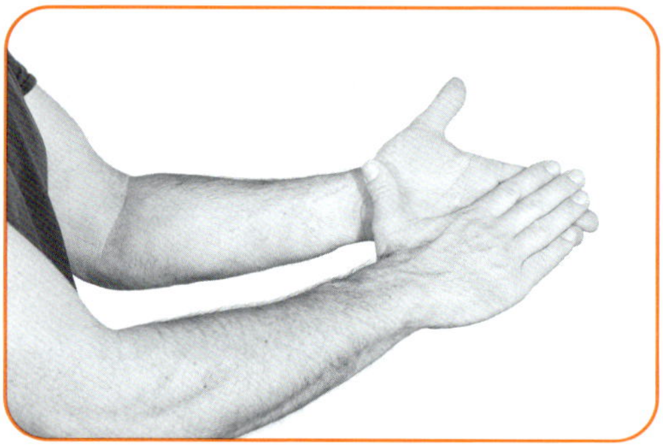

Fk Finger-Klatscher

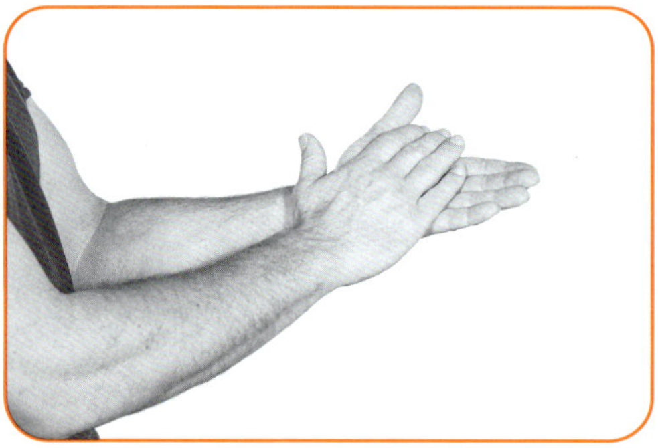

K Flachhand-Klatscher

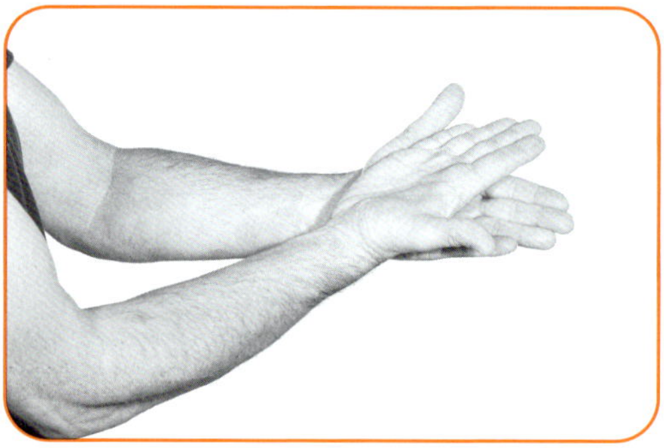

Rük Rückhand-Klatscher

Hk Hohlhand-Klatscher

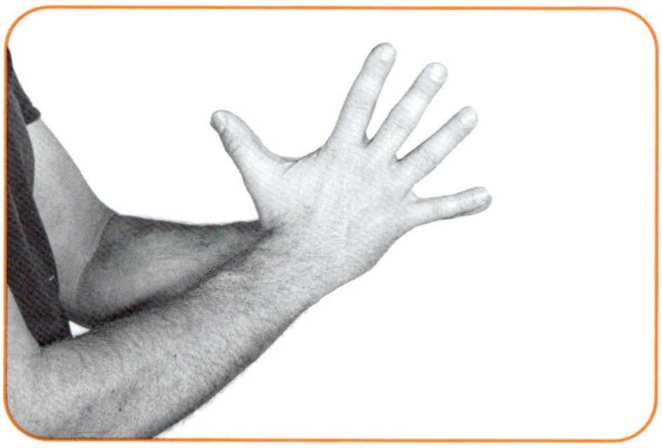

Sk Stern-Klatscher

Pek Pendel-Klatscher

Bf Butterfly

Pk Partner-Klatscher

PkR Partner-Klatscher rechts

Kk Kreis-Klatscher

KkR Kreis-Klatscher rechts

Patschen

Beim Patschen schlägt die lockere Hand auf die verschiedenen Körperteile. Dabei landet die ganze Handfläche (nicht nur die Finger) auf der entsprechenden Schlagfläche. Die Finger werden weder zusammengepresst noch gespreizt. Der Schwung kommt aus dem Unterarm und dem Handgelenk. Sinnvoll ist das Patschen auf Körperteile, die sich räumlich und klanglich gut voneinander unterscheiden, gleichzeitig aber auch schnell und einfach zu erreichen sind, wie zum Beispiel Brustkorb, Bauch, Oberschenkel und Wangen. Natürlich kann auch auf den Ohren, Knien, Zehen oder dem Po gepatscht werden. Die Spielflächen sind klanglich vielleicht nicht so ergiebig, bereiten den Kindern erfahrungsgemäß aber sehr viel Spaß.

lockere Handhaltung

der Schwung kommt aus dem Unterarm und Handgelenk

Br auf den Brustkorb patschen

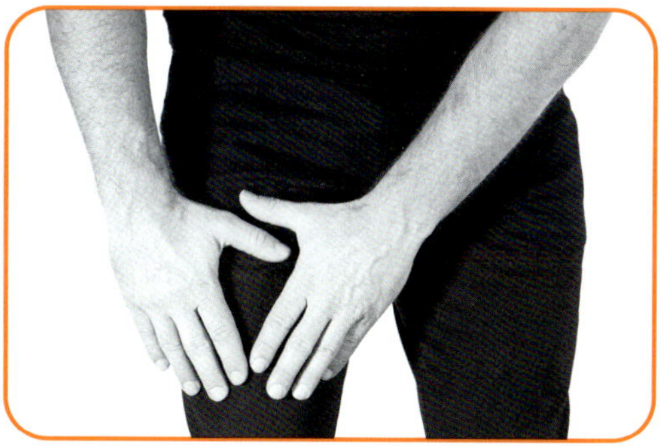

ROs auf den rechten Oberschenkel patschen

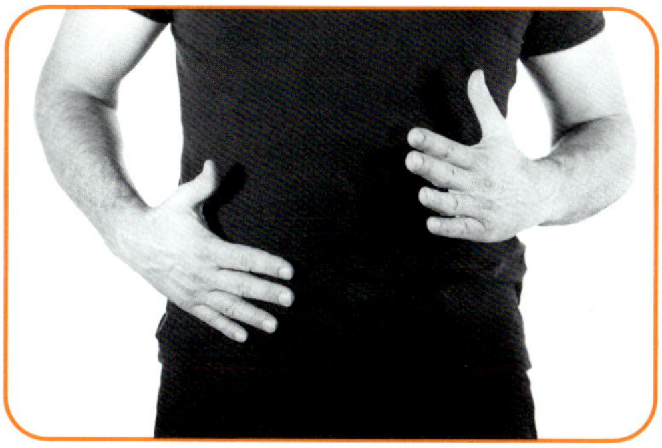

Ba auf den Bauch patschen

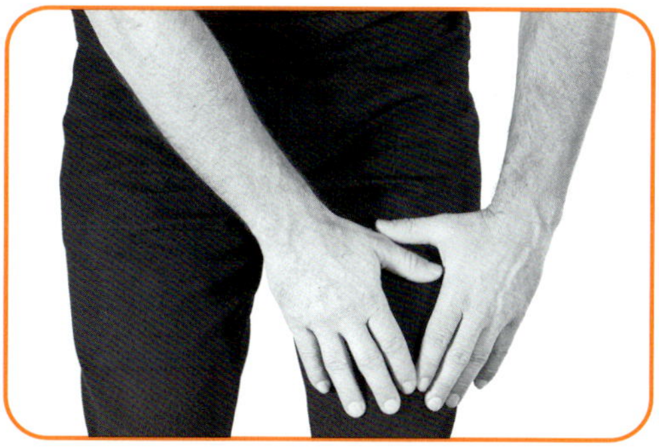

LOs auf den linken Oberschenkel patschen

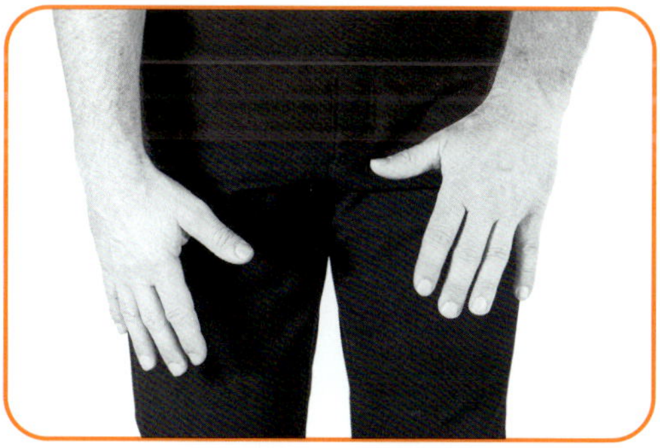

Os auf den Oberschenkel patschen

LS auf die linke Schulter patschen

LOa auf den linken Oberarm patschen

OsN auf den Oberschenkel des Nachbarn patschen

SN auf die Schulter des Nachbarn patschen

Wirbel

Mit Wirbel meint man das schnelle, rechts-links-abwechselnde Patschen auf die Oberschenkel. Der Schwung kommt dabei locker aus dem Handgelenk. Erst mit zunehmender Geschwindigkeit werden die Unterarme hinzugenommen.

Stampfen

Beim Stampfen klingt genau genommen der Boden, dennoch zählt es zu den Body Percussion-Klängen. Durch das Tippen mit den Zehenspitzen, das Stampfen mit dem ganzen Fuß oder das Springen lassen sich Stampfklänge unterschiedlicher Lautstärke erzeugen. Eingebaute Richtungswechsel, wie zum Beispiel Schritte vor und zurück oder das Springen um die eigene Achse, sorgen dabei nicht nur für Abwechslung, sie bilden auch die Grundlage für kleine und große Choreografien.

St Stampfen

Schnipsen

Das Schnipsen gehört wie das Händereiben zu den leisesten Body Percussion-Klängen und bedarf einiger Übung. Grundsätzlich wird mit dem Mittelfinger geschnipst. Dazu wird zwischen Mittelfinger und Daumen eine Spannung aufgebaut. Beim Lösen schlägt der Mittelfinger auf den Daumenmuskel und erzeugt dadurch den typischen Klang des Schnipsens – vorausgesetzt, Ringfinger und kleiner Finger liegen auf der Handfläche auf und bilden einen Hohlraum.

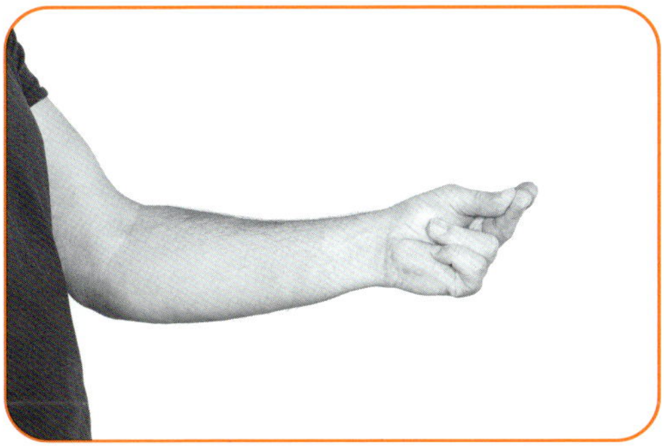

Sn Schnipsen

Reiben

Beim Händereiben gibt es eine aktive und eine passive Hand. Der charakteristische Klang des Reibens entsteht, wenn die Handfläche der aktiven Hand auf der Handfläche der passiven Hand vor und zurück bewegt wird.

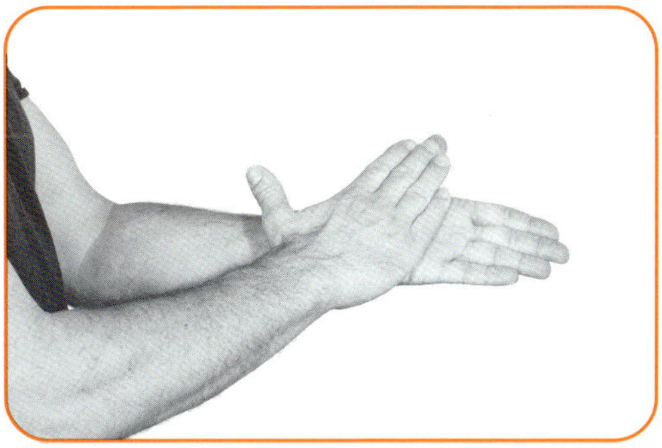

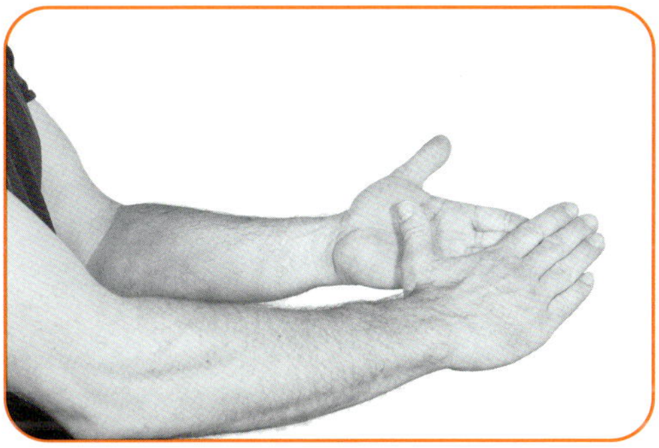

Hr Händereiben vor und zurück

Tabellen-Notation

Um auch fachfremden Rhythmusbegeisterten den Zugang zu erleichtern, verzichtet *BBC* ganz bewusst auf die traditionelle Notenschrift und verwendet stattdessen eine übersichtliche und vor allem einfache Tabellen-Notation. Eine Folge von vier Zellen entspricht einem 4/4-Takt. Demzufolge entsprechen drei Zellen einem 3/4-Takt und zwei Zellen einem 2/4-Takt. Eine Zelle entspricht einem Puls (Viertel). In den Zellen befinden sich Abkürzungen zur Darstellung der Klangfläche. Der Sprechtext steht unmittelbar darunter. Abkürzungen und Sprechtexte, die übereinander stehen, erklingen gleichzeitig. Zum Beispiel: *Rechts-Links-Trommeln* (S. 50)

Br	Br	Br	Br
Rechts -	Links -	Trom -	meln,

Wenn sich zwei Abkürzungen in einer Zelle befinden, sind auf einem Puls zwei Klänge zu spielen (Achtel). Zum Beispiel: *Bum Bum Clap-Rhythmus 2* (S. 56)

Br Br	K	Br Br	K
bum bum	clap	bum bum	clap

Wenn die Zellen keine Abkürzungen enthalten, wird nur der darunter stehende Text gesprochen. Zum Beispiel: *Ich hab' einen Wackelzahn!* (S. 36)

Ich hab'	ei - nen	Wa - ckel -	zahn!

Wenn unter den Zellen kein Sprechtext steht, werden nur die Body Percussion-Aktionen ausgeführt. Zum Beispiel: *Wir sind Freunde!* (S. 102)

4x

Os Os	Os Os	St St	K

Notation der Spielstücke

In der traditionellen Notenschrift gibt es viele Zeichen, die den Zugang zu einem Stück unnötig erschweren. Aufgrund dessen reduziert *BBC* die Angaben zugunsten einer einfachen und schnellen Erarbeitung auf das Nötigste. Die Anweisung „bel. wdh." bedeutet, dass die entsprechende Zeile beliebig oft gespielt werden kann. Zum Beispiel: *Dr. Zweistein & KUIX 27C* (S. 108)

Oberkörper vor- und zurückneigen — bel. wdh.

Br	Br	Ba	Ba				
				Klee	-	k!	

Die Anweisung „2x", „3x" bzw. „4x" meint, dass die entsprechende Zeile bzw. die entsprechenden Zeilen innerhalb eines Formteils, wie Strophe oder Refrain, zweimal, dreimal bzw. viermal gespielt werden. Am Beispiel von *Wir sind Freunde!* (S. 102) würde das bedeuten, dass die erste Textzeile gesprochen wird und sich daran die Body Percussion-Aktion anschließt. Darauf folgt die zweite Textzeile mit anschließender Spielaktion usw.

Gesten

Freun -	de	sind	zum	Spie -	len	da!	
Freun -	de	sind	zum	La -	chen	da!	
Freun -	de	sind	zum	Hel -	fen	da!	
Freun -	de,	die	sind	im -	mer	da!	

4x

Os	Os	Os	Os	St	St	K	

Body Percussion-Klänge

Butterfly! Bin dabei! Los geht es mit der Einführung der verschiedenen Body Percussion-Klänge. Schritt für Schritt werden die Kinder an das Klatschen, Patschen, Stampfen, Schnipsen und Reiben herangeführt und entdecken dabei den eigenen Körper als einzigartiges Rhythmus- und Klanginstrument.

Die Erarbeitung der verschiedenen Body Percussion-Klänge erfolgt über lustige Sprüche und einfache Merktexte. Vor allem für die 5- und 6-Jährigen ist es wichtig, die Klänge mit Hilfe einer kurzen Geschichte einzuführen, die sie neugierig macht. „Vom Einfachen zum Schweren" lautet dabei das Prinzip, nach dem die Stücke in diesem Kapitel angeordnet sind und das sich nicht nur auf den Inhalt, sondern auch auf den Schwierigkeitsgrad der Spielaktionen bezieht. An dieser Stelle sind Sie als erfahrener Vermittler gefragt. Entscheiden Sie aufgrund Ihrer bisherigen Arbeit, welche Stücke sich sowohl thematisch als auch im Hinblick auf die spielerischen Anforderungen für Ihre Lerngruppe eignen.

Die Spielstücke

Body Percussion ist das Erzeugen von Klängen und Rhythmen mit dem Körper. Allein durch das **Klatschen** lassen sich eine Vielzahl an differenzierten Klatschklängen erzeugen. Los geht es mit einem einfachen Stück für die Kleinsten. Spielerisch führt *Mama Krokodil & Baby Krokodil* die 5- und 6-Jährigen an verschiedene Ausholbewegungen und das Klatschen in unterschiedlichen Lautstärken heran, ehe sie mit *Klaus, die Maus* lernen, zwischen differenzierten Klatschklängen zu unterscheiden. Doch verpackt in eine spannende Geschichte überhaupt kein Problem. *Butterfly! Bin dabei!* ist ein attraktives, zugleich aber auch sehr anspruchsvolles Stück. Vor allem das Pendelklatschen und der Butterfly versetzen die 8- bis 10-Jährigen immer wieder in Staunen.

Sportlich geht es bei *Tim, der Frosch 2* zu. Das kleine grüne Kerlchen trainiert den ganzen Tag, während er gleichzeitig die 5- bis 7-Jährigen an das beidhändige **Patschen** heranführt. Auch die Hasenfamilie ist fleißig am Auf- und Abspringen. Dabei wird mit *Hüpfen hält uns Hasen fit!* erstmals Wert auf die Rechts-Links-Differenzierung gelegt. Die Klangfolgen, die mit *Elefant geht im Kreis!* und *Br, Ba, Los, Ros!* erarbeitet werden, sprechen vor allem die 8- bis 10-Jährigen an und eignen sich aufgrund ihrer abwechslungsreichen Varianten für die Weiterarbeit in mehreren aufeinander folgenden Rhythmuseinheiten. Mit *Ich hab' einen Wackelzahn!* wird eine weitere Klangfläche eingeführt. Beim Patschen auf die Wange einen Klang zu erzeugen, fällt den 6- bis 8-Jährigen verhältnismäßig schwer, bereitet ihnen aber sehr viel Spaß.

Mit Hilfe von *Bärenkinder tapsen leise!* werden die 5- bis 7-Jährigen mit einem neuen Klang, dem **Stampfen,** vertraut gemacht. Dabei lernen sie, zwischen lautem und leisem Stampfen zu unterscheiden, ehe mit *Hippo sucht 'ne Badewanne* Sprünge um die eigene Achse und das Gehen in verschiedene Richtungen hinzukommen.

Etwas ruhiger geht es bei *Wer hat an der Uhr gedreht?* und *Manches Mal mag ich es still!* zu. Die beiden Stücke führen die 8- bis 10-Jährigen an das **Schnipsen** und **Reiben** heran. Zwei Klänge bzw. Bewegungen, die nicht so leicht umzusetzen sind und sich deshalb für die Erarbeitung mit den erfahreneren Body Percussionisten eignen.

▶ 01

Mama Krokodil & Baby Krokodil – Klatschen

Text & Musik: Richard Filz

			großes Maul
			K
Ma - ma	Kro - ko -	dil macht	schnapp!

			kleines Maul
			K
Ba - by	Kro - ko -	dil macht	schnapp!

	großes Maul		kleines Maul
	K		K
Ma - ma	schnapp!	Ba - by	schnapp!

großes Maul	kleines Maul	großes Maul	kleines Maul
K	K	K	K
So geht	das den	gan - zen	Tag!

1. Kind	2. Kind	1. Kind	2. Kind
K	K	K	K
Schnapp!	Schnapp!	Schnapp!	Schnapp!

In einem Zoo im Nirgendwo lebt ein Tier, das ist grün und hat scharfe Zähne. Was könnte das wohl sein? Mit *Mama Krokodil & Baby Krokodil* führen Sie die 5- und 6-Jährigen spielerisch an das Klatschen heran. Dabei geht es nicht nur um unterschiedliche Ausholbewegungen, sondern auch um das laute und leise Klatschen.

Schritt für Schritt

Schritt 1 – Reaktionsspiel

Erzählen Sie den Kindern die Geschichte von Mama Krokodil und lassen Sie sich ein großes Krokodilmaul zeigen. Bitten Sie Ihre kleinen Zuhörer, gemeinsam mit Ihnen das „Maul" zu öffnen und zu schließen. Variieren Sie dabei das Tempo des Zuschnappens und durchbrechen Sie immer wieder die Erwartungen der Kinder. Mama Krokodil hat ein süßes Baby, dessen Maul bei weitem noch nicht so groß ist. Zeigen Sie ein kleines Krokodilmaul und wiederholen Sie das Reaktionsspiel. Baby Krokodil macht es so viel Spaß, mit der Mama um die Wette zu schnappen, dass es das Schnapp-Spiel den ganzen Tag spielen könnte.

Schritt 2

Gehen Sie direkt zum Stück über, indem Sie den Text Zeile für Zeile rhythmisch vorsprechen. Nehmen Sie die jeweilige Spielaktion gleich hinzu. Die Kinder spielen mit. Wiederholen Sie die ersten vier Zeilen nach Belieben.

Schritt 3

Lassen Sie die Kinder paarweise Aufstellung nehmen und üben Sie das abwechselnde Zuschnappen der großen Krokodilmäuler. Spaß bereitet es, dabei das Tempo zu steigern.

Schritt 4

Fügen Sie die einzelnen Zeilen einschließlich der abwechselnden Schnappaktion zusammen.

großes Krokodilmaul

kleines Krokodilmaul

▶ 02

Klaus, die Maus – Klatschen

Text & Musik: Richard Filz

Mk	Mk	Mk	Mk
Klaus,	der	sitzt	im
Hk	Hk	Hk	
Mäu -	se -	haus!	
Rük	Rük	Rük	Rük
Träumt	von	ei -	nem
Sk	Sk	Sk	
fer -	nen	Stern!	
Mk	Mk	Mk	Mk
Klaus	springt	hoch,	so
Mk	Mk	Mk	
hoch	er	kann!	
Sk	Sk	Sk	Sk
Auf	dem	Stern	wär'
		Schlusspose	
Sk	Sk		
er	so	gern!	

Mit *Klaus, die Maus* führen Sie die 6- und 7-Jährigen an das differenzierte Klatschen heran. Verpackt in eine kurze Geschichte, unterstützt der Text beim Merken und Umsetzen der einzelnen Klatscher. Zudem eignet sie sich hervorragend zum Weiterträumen. Regen Sie die Fantasie der Kinder an, indem Sie sie erzählen lassen, wie der Stern aussieht und welche Abenteuer Klaus auf ihm erlebt.

Schritt für Schritt

Schritt 1

Stellen Sie den Kindern Klaus vor und erzählen Sie die Geschichte von der kleinen Maus: „Klaus, die Maus (Maus-Klatscher), ist ein richtiger Tagträumer. Stundenlang sitzt er in seinem kleinen Mäusehaus (Hohlhand-Klatscher) und träumt in seiner Hängematte (Rückhand-Klatscher) von einem fernen Stern (Stern-Klatscher). Ach, wie gern wäre er auf einem der vielen funkelnden Himmelskörper, auf denen es bestimmt bergeweise Käse gibt. Aber vielleicht klappt es ja eines Tages, wenn er nur fleißig genug Hochspringen übt.

Schritt 2

Gehen Sie zum Stück über. Sprechen Sie Satz für Satz rhythmisch vor. Die Kinder sprechen nach.

Schritt 3

Nehmen Sie die verschiedenen Klatschklänge hinzu. Wiederholen Sie die einzelnen Sätze nach Belieben. Die Kinder sprechen und spielen mit.

Schritt 4

Fügen Sie die Sätze einschließlich der jeweiligen Spielaktion zusammen und wiederholen Sie das Stück nach Belieben.

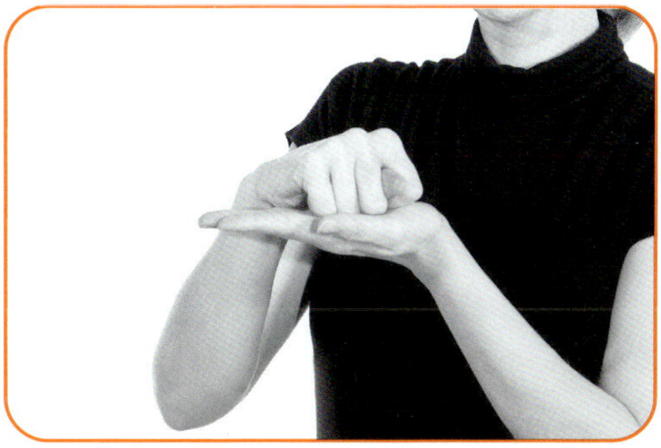

Mk Maus-Klatscher

▶ 03

Butterfly! Bin dabei! – Klatschen

Text & Musik: Richard Filz

K		Hk		Fk	Fk	Fk	Fk
Flach -	hand-,	Hohl -	hand-,	Fin -	ger -	klat -	schen!

Rük		Sk		Pek	Pek	Pek	Pek
Rück -	hand-,	Stern-	und	Pen -	del -	klat -	schen!

				Bf	Bf	Bf	
Und	zu -	letzt	der	But -	ter -	fly!	

Bf	Bf	Bf		auf sich zeigen			
But -	ter -	fly!		Bin	da -	bei!	

Mit *Butterfly! Bin dabei!* lernen die 8- bis 10-Jährigen sieben verschiedene Klatschklänge kennen. Besonders attraktiv sind dabei der Pendel-Klatscher und der Butterfly, der aufgrund des Kreuzens der Arme besonders hohe Anforderungen an die koordinativen Fähigkeiten stellt. Nutzen Sie den Video-Clip, um sich die unterschiedlichen Klatschklänge anzueignen.

Schritt für Schritt

Schritt 1

Erarbeiten Sie die einzelnen Klatscher nacheinander, indem Sie zunächst die Handhaltung erklären und anschließend ein paar Takte vorklatschen. Mischen Sie die verschiedenen Klänge und führen Sie zur Abwechslung die Klatscher mit der linken Hand aus.

Schritt 2

Sprechen Sie Zeile 1 rhythmisch und in einem angemessenen Tempo vor. Die Kinder sprechen nach. Nehmen Sie die entsprechenden Klatschklänge hinzu. Die Kinder machen mit. Beliebig wiederholen.

Schritt 3

Erarbeiten Sie die Zeilen 2 bis 4 ebenfalls über Vor- und Mitsprechen bzw. Vor- und Mitspielen.

Schritt 4

Fügen Sie die vier Zeilen einschließlich der verschiedenen Klatschklänge zusammen. Beliebig wiederholen.

Butterfly

Schlag auf die Oberarme

Handrücken gegen Handrücken

Schlag auf die Oberarme

▶ 04

Tim, der Frosch 2 - Patschen

Text & Musik: Richard Filz, Janice Höber-Filz

Refrain

Os	Os	Os	Os
Tim, / Bis	der / ihn	Frosch, / Mus -	springt / kel -

			Froschmaul 2x
Os	Os	Os	
Tag / ka -	für / ter	Tag, / plagt,	quak! / quak!

Zwischenspiel (frei sprechen)
Gönnt sich eine kleine Pause! (über die Stirn wischen)
Und 'ne kühle Himbeerbrause! (trinken)
Schon hat ihn der Mut gepackt! (Muskeln zeigen)
Weiter geht es dann im Takt! (Froschmaul, quak)

Alternative Klangfolgen

Br	Br	Os	Os
Br	Os	Br	Os
LOs	LOs	ROs	ROs
LOs	ROs	LOs	ROs

			Froschmaul 2x
Br	Br	Os	
Br	Os	Br	
LOs	LOs	ROs	
LOs	ROs	LOs	

Erinnert ihr euch noch an Tim? Der kleine Frosch, der hervorragend gut springen kann? Zur Zeit bereitet er sich auf einen großen Wettkampf vor, für den er jeden Tag so hart trainiert, dass er am Ende Muskelkater hat. Mit *Tim, der Frosch 2* werden die 5- bis 7-Jährigen an das Patschen herangeführt. Los geht es mit dem beidhändigen Spielen auf den Oberschenkeln. Mit zunehmender Sicherheit können Sie zu den alternativen Klangfolgen übergehen, an deren Ende mit jedem Patschen die Spielfläche gewechselt wird. Als Pulsspiel finden Sie *Tim, der Frosch* (und seinen kleinen Bruder Tom) in dem Lehrwerk *Trommeln mit Kids – Rhythmus- und Trommelspiele für 5- bis 10-Jährige* (S. 44).

Schritt für Schritt

Schritt 1 – Reaktionsspiel

Stellen Sie Tim vor. Bitten Sie die Kinder, gemeinsam mit Ihnen das Froschmaul zu öffnen und zu schließen – und dabei natürlich laut zu quaken. Durchbrechen Sie immer wieder die Erwartungen und halten Sie so die Aufmerksamkeit der Kinder aufrecht. Sie können auch prüfen, ob Tim musikalisch ist und das Froschmaul in verschiedenen Tonhöhen öffnen und schließen oder sogar einen Dreiklang anstimmen.

Schritt 2

Sprechen Sie den Text Satz für Satz rhythmisch vor. Die Kinder sprechen nach. Nehmen Sie anschließend die Patschaktion hinzu. Die Kinder machen mit. Beliebig wiederholen.

Schritt 3

Gönnen Sie Tim und den Kindern eine kleine Pause. Sprechen Sie den Text vom Zwischenspiel in einem frei gewählten Tempo, während Sie gleichzeitig die vorgeschlagenen Gesten deutlich ausführen. Die Kinder machen die Gesten mit. Beginnen Sie das Training von Neuem.

Froschmaul

▶ 05

Hüpfen hält uns Hasen fit! – Patschen

Text & Musik: Richard Filz,
Janice Höber-Filz

ROs	ROs	ROs	ROs
Häs -	chen	hüpft	auf
ROs	ROs	ROs	
ei -	nem	Bein!	
LOs	LOs	LOs	LOs
Häs -	chen	hüpft	nicht
LOs	LOs	LOs	
gern	al -	lein!	
Os	Os	Os	Os
Ma -	ma,	Pa -	pa
Os	Os	K	
hüp -	fen	mit!	
Os	Os	Os	Os
Hüp -	fen	hält	uns
Os	Os	K	
Ha -	sen	fit!	

Nicht nur Tim, der Frosch, ist ein hervorragender Sportler, der sehr gut springen kann. Auch die Hasen hüpfen gerne herum. Vor allem das kleinste Häschen probiert sich immer wieder im Hüpfen auf einem Bein. Doch allein herumzuspringen, macht auf Dauer einfach keinen Spaß. Und so hüpfen Mama und Papa schließlich mit. Mit *Hüpfen hält uns Hasen fit!* wird neben dem beidhändigen Patschen auf die Oberschenkel erstmals Wert auf die Rechts-Links-Differenzierung gelegt. Achten Sie darauf, dass jedes Kind mit der richtigen Hand spielt. Das gilt vor allem für diejenigen, die Ihnen gegenüber sitzen. Gehen Sie Zeile für Zeile vor und nutzen Sie Pausen, um den 6- und 7-Jährigen die Geschichte vom hüpfenden Häschen und seiner Familie zu erzählen.

Schritt für Schritt

Schritt 1

Aufstellung im Sitzkreis. Die linke Hand ruht auf dem Rücken. Sprechen Sie den ersten Satz rhythmisch vor. Die Kinder sprechen nach. Nehmen Sie anschließend das Patschen hinzu. Die Kinder machen mit. Beliebig wiederholen.

Schritt 2

Die rechte Hand ruht auf dem Rücken. Sprechen Sie den zweiten Satz einmal rhythmisch vor, ehe Sie das Patschen hinzunehmen. Die Kinder machen mit. Beliebig wiederholen.

Schritt 3

Beide Hände in Bereitposition (S. 7). Sprechen Sie den dritten Satz rhythmisch vor und nehmen Sie dann das Patschen hinzu. Die Kinder machen mit. Beliebig wiederholen.

Schritt 4

Erarbeiten Sie den vierten Satz nach dem gleichen Prinzip.

Schritt 5

Fügen Sie die Zeilen einschließlich der jeweiligen Patschaktion zusammen und wiederholen Sie das Stück beliebig oft.

Variante

In dem Stück geht es zwar um das Patschen, aber wie wäre es, wenn Sie Ihre Hasen-Bande einmal herumhüpfen und alle Spielaktionen entsprechend mit dem rechten, linken bzw. mit beiden Beinen ausführen lassen?

▶ 06

Elefant geht im Kreis! – Patschen

Text & Musik: Richard Filz, Janice Höber-Filz

Br	LOs	ROs
E -	le -	fant

Br	LOs	ROs
geht	im	Kreis,

Br	LOs	ROs
weil	er	den

Br	LOs	ROs
Weg	nicht	weiß!

mit dem Rüssel nach rechts zeigen

Erst	nach	rechts,

mit dem Rüssel nach links zeigen

dann	nach	links,

mit dem Rüssel geradeaus zeigen

g'ra -	de -	aus

K	K	K
geht's	nach	Haus!

Den richtigen Weg zu finden, ist manchmal gar nicht so einfach. Da bekommt man als Elefant schnell mal einen Drehwurm. Helft ihr mit, ihm den Weg nach Hause zu zeigen? *Elefant geht im Kreis!* führt die 7- und 8-Jährigen an eine bis dahin noch unbekannte Klangfolge heran. Neu ist dabei nicht nur, dass sich die Klangfläche mit jedem Schlag ändert, sondern auch das Spielen im 3/4-Takt. Achten Sie darauf, dass die Kinder beim Patschen auf die Oberschenkel in der richtigen Reihenfolge spielen. Das gilt vor allem für diejenigen, die Ihnen gegenüberstehen und denen deshalb alles spiegelverkehrt erscheint.

Schritt für Schritt

Schritt 1

Sprechen Sie den ersten Satz rhythmisch vor, die Kinder sprechen nach. Nehmen Sie das Patschen hinzu. Die Kinder machen mit. Beliebig wiederholen.

Schritt 2

Zeigen Sie dem Elefanten, wie er nach Hause kommt. Nehmen Sie dazu den „Rüssel zur Hand" – „RRRtz" (siehe Bereitposition, S. 7) und erklären Sie den Weg, während Sie gleichzeitig in die entsprechende Richtung zeigen. Sprechen Sie anschließend rhythmisch vor, die Kinder sprechen mit.

Schritt 3

Fügen Sie die beiden Sätze zusammen und führen Sie den Elefanten beliebig oft nach Hause.

Elefantenrüssel

▶ 07

Br, Ba, Los, Ros! – Patschen

Gestaltung: Richard Filz

Br	Ba	LOs	ROs
Br	Ba	Los	Ros

Varianten

einzelne Silben sprechen, z. B. „Br"

Br	Ba	LOs	ROs
Br!			

gleichzeitig mit der Silbe „Br" aufstehen und bei „Ba" wieder setzen

Br	Ba	LOs	ROs
Br!			

doppelte Geschwindigkeit

Br	Ba	LOs	ROs	Br	Ba	LOs	ROs
Br	Ba	Los	Ros	Br	Ba	Los	Ros

Sitzkreis

		Os linker Nachbar	Os rechter Nachbar
Br	Ba	OsN	OsN
Br	Ba	links	rechts

Kanon

1 1	2	2 3	4
Br	Ba	LOs	ROs
Br	Ba	Los	Ros

Sprechtext

Blick nach rechts, weiterspielen!
Blick nach links, weiterspielen!
Blick nach oben, weiterspielen!
Blick nach vorne und nicht schielen!

Br, Ba, Los, Ros? Fragen Sie doch einmal Ihre Kinder, was sich hinter diesen Abkürzungen verbergen könnte. Sie werden erstaunt sein, welche kreativen Antworten Sie bekommen. Soviel sei schon jetzt verraten: „Los" steht nicht für Los Angeles! *Br, Ba, Los, Ros!* orientiert sich an dem Können der 8- bis 10-Jährigen. Die verschiedenen Varianten eignen sich für die Umsetzung in mehreren aufeinander folgenden Rhythmuseinheiten. Legen Sie schon bei der Erarbeitung Wert auf die richtige Spielposition der Hände (siehe Foto).

Schritt für Schritt

Schritt 1 – Reaktionsspiel

Aufstellung im Sitzkreis. Starten Sie zunächst mit nur einem Klang. Erklären Sie, dass die Kinder bei der Silbe „Br" mit beiden Händen auf den Oberkörper patschen und gleichzeitig dazu „Br" sprechen sollen. Sprechen Sie die Silbe kurz und prägnant mehrmals hintereinander. Variieren Sie dabei das Tempo. Durchbrechen Sie die Erwartungshaltung, indem Sie „Ba" hinzunehmen. Erläutern Sie, was passiert, wenn Sie „Ba" sagen und starten Sie das Reaktionsspiel von Neuem. Mischen Sie die beiden Klänge und sprechen Sie die Silben „Br", „Ba" in einer beliebigen Reihenfolge vor. Die Kinder reagieren, indem sie den jeweiligen Klang spielen und gleichzeitig dazu sprechen. Fragen Sie, welcher Körperteil „Los" heißen könnte. Lösen Sie die Bedeutung von „Los" und „Ros" auf.

Schritt 2

Sprechen Sie die Textzeile „Br, Ba, Los, Ros" kurz und rhythmisch vor. Versuchen Sie dabei, den Puls sichtbar zu verkörpern, zum Beispiel durch Kopfnicken. Die Kinder sprechen mit. Beliebig wiederholen.

Schritt 3

Nehmen Sie das Patschen hinzu. Die Kinder machen mit. Beliebig wiederholen. Das Sprechen auf Zeichen weglassen und wieder hinzunehmen (Ansage: „Wie-der spre-chen!"). Nur sprechen („Hän-de hoch!").

Schritt 4

Wenn die Kinder die Klangfolge sicher beherrschen, können Sie zu den verschiedenen Varianten übergehen.

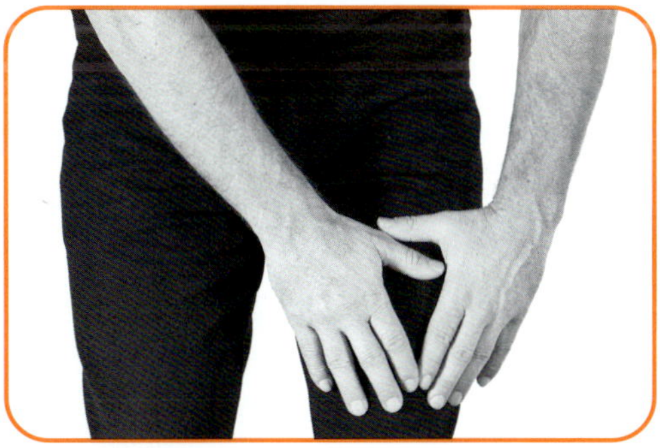

Spielposition: Hände nebeneinander

▶ 08

Ich hab' einen Wackelzahn! – Patschen

Text & Musik: Richard Filz,
Janice Höber-Filz

Ich hab'	ei - nen	Wa - ckel -	zahn!

Wa Wa	Wa Wa	Wa Wa	Wa

Seht mal,	wie der	wa - ckeln	kann!

Wa Wa	Wa Wa	Wa Wa	Wa

Wa - ckelt	hin und	wa - ckelt	her!

Wa Wa	Wa Wa	Wa Wa	Wa

Lan - ge	hab' ich	den nicht	mehr!

Wa Wa	Wa Wa	Wa Wa	M

Einen Wackelzahn zu haben, ist sehr aufregend – nicht zuletzt, weil die Zahnfee dann bald kommt. Doch bis es soweit ist, wackelt er noch etwas hin und her. Mit *Ich hab' einen Wackelzahn!* führen Sie die 6- bis 10-Jährigen an eine weitere Klangfläche, die Wange, heran.

Wa auf die Wange patschen

M auf den Mund patschen

Schritt für Schritt

Schritt 1

Erarbeiten Sie das Patschen auf die Wange, indem Sie nacheinander verschiedene Rhythmen vorspielen, die die Kinder entsprechend nachmachen. In ihrem Eifer vergessen vor allem die Kleinen häufig, dass die Spielfläche weh tun kann. Bitten Sie die Kinder, entsprechend vorsichtig zu patschen.

Schritt 2

Erarbeiten Sie das Stück Zeile für Zeile über Vor- und Nachsprechen bzw. Vor- und Nachspielen. Achten Sie darauf, dass die Kinder mit der richtigen Hand spielen.

Schritt 3

Fügen Sie die Zeilen zusammen und lassen Sie den Zahn beliebig oft hin- und herwackeln.

▶ 09

Bärenkinder tapsen leise! – Stampfen

Text & Musik: Janice Höber-Filz

Zs		Zs		Zs		Zs	
Bä -	ren -	kin -	der	tap -	sen	lei -	se.

St		St		St		St	
Bä -	ren -	kin -	der	stamp -	fen	laut!	

im Kreis gehen

St		St		St		St	
Bä -	ren -	kin -	der	geh'n	im	Krei -	se.

St		St		St		St	
Bis	er/sie	auf	die	Pau -	ke	haut!	

Im Kreis gehen, bis das Signal erklingt, Freeze!

Im Zoo, da sind die Bären los. Sie tapsen, stampfen und gehen im Kreis, bis einer von ihnen auf die Pauke haut und sie mit einem Mal ganz still stehen. Mit *Bärenkinder tapsen leise!* führen Sie die 5- bis 7-Jährigen an das Stampfen heran. Dabei wird mit dem Tapsen auf den Zehenspitzen und dem Stampfen mit dem ganzen Fuß zwischen verschiedenen Lautstärken unterschieden. Das Stück endet mit einem kräftigen „Paukenschlag", bei dem die kleinen Bären „einfrieren" (Freeze).

Schritt für Schritt

Schritt 1

Aufstellung im Stehkreis. Erarbeiten Sie den Text Satz für Satz über Vor- und Nachsprechen. Sprechen Sie rhythmisch vor, die Kinder sprechen nach.

Schritt 2

Wiederholen Sie den Text und nehmen Sie die entsprechenden Stampfaktionen hinzu. Die Kinder machen mit. Lassen Sie die Kinder eine gewisse Zeit im Kreis herumgehen und schlagen Sie dann auf eine Handtrommel oder Ähnliches. Die Kinder nehmen möglichst schnell die Freeze-Position ein. Übertragen Sie im weiteren Verlauf den „Paukenschlag" einem Kind.

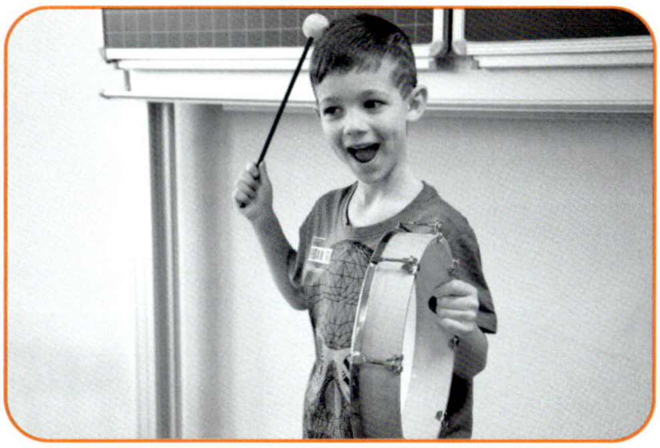

„Paukenschlag"

▶ 10

Hippo sucht 'ne Badewanne – Stampfen

Text & Musik: Richard Filz

Schritte zurück

St	St	St	St	St	St	St	St
Hip -	po	läuft	durch	die	Sa -	van -	ne!

90° Drehung | 90° Drehung | 90° Drehung | 90° Drehung

Sp		Sp		Sp		Sp	
Sucht	'ne	küh -	le	Ba -	de -	wan -	ne!

Schritte seitwärts rechts | Schritte seitwärts links

St	St	St		St	St	St	
Fragt	das	Gnu,		fragt	den	Strauß!	

Schritte vor

St	St	St	St	St	St	St	
Ba -	de -	wan -	ne	g'ra -	de -	aus!	

Hippo ist wirklich ein seltsames Nilpferd. Nicht nur, dass er unheimlich gerne in einer Badewanne badet – nein, er kann auch rückwärts laufen. Mit *Hippo sucht 'ne Badewanne* üben Sie mit den 7- bis 9-Jährigen einmal mehr das Stampfen. Neu hinzu kommt dabei das Springen um die eigene Achse sowie das Gehen in verschiedene Richtungen. Die Vorwärts-, Rückwärts- und Seitwärtsbewegungen schulen nicht nur grundlegende motorisch-koordinative Fähigkeiten, sie sind auch ein wirkungsvoller Effekt, der bei den Aufführungsstücken zum Einsatz kommt.

Schritt für Schritt

Schritt 1
Aufstellung im Stehkreis. Erarbeiten Sie den Text über Vor- und Nachsprechen. Sprechen Sie Satz für Satz rhythmisch vor, die Kinder sprechen nach. Beliebig wiederholen.

Schritt 2
Sprechen Sie erneut den Text. Nehmen Sie das Stampfen und Springen hinzu. Die Kinder machen mit. Verzichten Sie an dieser Stelle noch auf die vorgesehenen Richtungswechsel. Beliebig wiederholen.

Schritt 3
Üben Sie die verschiedenen Richtungswechsel. Im Stehkreis grundsätzlich kein Problem. Lustiger wird es, wenn Sie die kleinen Hippos zweireihig hintereinander Aufstellung nehmen lassen. Sie als Spielleiter müssen die Seitwärtsschritte in diesem Fall spiegelverkehrt vormachen.

Schritt 4
Fügen Sie die einzelnen Zeilen zusammen und begeben Sie sich gemeinsam mit Ihren kleinen Hippos beliebig oft auf die Suche nach einer kühlen Badewanne.

▶ 11

Wer hat an der Uhr gedreht? – Schnipsen

Text & Musik: Richard Filz

Sn	Sn	Sn	Sn
tik	tak	tik	tak
tik	tak	tik	tak

2x

Sn		Sn		Sn		Sn
Wer	hat	an	der	Uhr	ge -	dreht?
Ist	es	wirk -	lich	schon	so	spät?

1. Kind	2. Kind	3. Kind	4. Kind	usw.
Sn	Sn	Sn	Sn	
tik	tak	tik	tak	

Die Hausaufgaben dauern eine Ewigkeit, aber die Rhythmusstunde vergeht im Nu – tik, tak, tik, tak … Das Schnipsen gehört zu den schwierigsten aller Body Percussion-Klänge, weshalb sich das Stück *Wer hat an der Uhr gedreht?* ab der dritten Klassenstufe eignet. Erfahrungsgemäß gibt es immer eine stärkere und eine schwächere Hand. Ein Tipp: Wenn das Schnipsen mit der rechten Hand gelingt, versuchen Sie, die Bewegungsabläufe auf die linke Hand zu übertragen.

Schritt für Schritt

Schritt 1
Üben Sie gemeinsam mit Ihren Kindern zunächst nur das gleichmäßige „Ticken". Sprechen Sie dazu die erste Zeile „tik tak tik tak" deutlich vor. Unterstützen Sie die Kinder beim Empfinden des gleich bleibenden Pulses, indem Sie diesen sichtbar verkörpern, zum Beispiel durch Kopfnicken. Die Kinder sprechen mit. Beliebig wiederholen.

Schritt 2
Nehmen Sie das rechts-links-abwechselnde Schnipsen hinzu. Die Kinder machen mit. Auf Zeichen das „Ticken" („tik tak tik tak") weglassen und wieder hinzunehmen (Ansage: „Wie-der sprechen!"). Beliebig wiederholen.

Schritt 3
Behalten Sie das gleichmäßige Schnipsen bei, während Sie die Textzeilen rhythmisch vorsprechen. Die Kinder sprechen und spielen mit.

Schritt 4
Üben Sie schließlich das Weitergeben des Pulses bzw. der Sekunden. Das heißt, die Kinder sprechen nacheinander im Uhrzeigersinn „tik", „tak", „tik", „tak" usw., während sie gleichzeitig mit beiden Händen schnipsen. Wichtig dabei ist, dass die „Zeiger" gleichmäßig ticken.

Schritt 5
Fügen Sie die einzelnen Zeilen und das abschließende Weitergeben der Sekunden zusammen.

▶ 12

Manches Mal mag ich es still! – Händereiben

Text & Musik: Richard Filz,
Janice Höber-Filz
© RhythmOne

Os	Os	Os	Os	Os	Os	Os
Man -	ches	Mal	mag	ich	es	laut!

St	St	St	St	St	St	St
Man -	ches	Mal	mag	ich	es	wild!

Sn	Sn	Sn	Sn	Sn	Sn	Sn
Man -	ches	Mal	mag	ich	es	still!

Hr	Hr	Hr	Hr	Hr	Hr	Hr
Weil	ich	auch	mal	träu -	men	will!

Zugegeben, das Patschen und Stampfen macht unheimlich viel Spaß, aber wer sagt denn, dass Body Percussion immer laut sein muss? *Manches Mal mag ich es still!* fasst nicht nur die bisherigen Klänge zusammen, es führt die 8- bis 10-Jährigen auch an einen sehr leisen Klang heran. Beim Händereiben bleibt die linke Hand flach ausgestreckt, während die rechte Hand sich vor und zurück bewegt.

Schritt für Schritt

Schritt 1

Erarbeiten Sie den Text über Vor- und Nachsprechen. Sprechen Sie Satz für Satz rhythmisch vor. Die Kinder sprechen nach. Beliebig wiederholen.

Schritt 2

Wiederholen Sie den Text und nehmen Sie die entsprechenden Spielaktionen hinzu. Die Kinder sprechen und spielen mit. Beliebig wiederholen.

Schritt 3

Lassen Sie schließlich die Stimme weg und verfolgen Sie zusammen mit Ihren Kindern den Wechsel zwischen den lauten und leisen Klängen.

Body Percussion-Rhythmen

Bum Clap Bum Bum Clap! Weiter geht es mit Klangfolgen, die sich aus den bereits bekannten Body Percussion-Klängen zusammensetzen. Mit der Unterstützung von kleinen und großen Tieren, den Vornamen Ihrer Kinder und einer speziellen Bum Bum Clap-Klangsprache kein Problem, denn die kurzen Merkwörter erleichtern das Erlernen neuer Klangfolgen und führen zu einem schnellen Erfolgserlebnis. Auch wenn Ihnen Ihre Gruppe dabei manchmal vorkommt wie eine Horde wild gewordener Affen, so werden Sie mit der Zeit doch feststellen, wie sich die rhythmisch-motorischen Fähigkeiten jedes Einzelnen stetig verbessern. Und auch die Kinder werden merken: *Wir sind nicht zu toppen!*

Theoretisch können aus den einzelnen Body Percussion-Klängen unendlich viele Klangfolgen gebildet werden. Im Mittelpunkt dieses Kapitels stehen kurze Rhythmen mit vier bis acht Klängen, die sich an dem Können der unterschiedlichen Alterszielgruppen orientieren. Mit ihnen lassen sich unzählige (Kinder-)Lieder begleiten. Dazu müssen die Kinder jedoch lernen, den ausgewählten Rhythmus mindestens eine Minute konstant in einem gleich bleibenden Tempo durchzuhalten. Dies gelingt am besten, wenn man sie spielen und gleichzeitig dazu sprechen lässt.

So macht Lernen Spaß!

Die Erarbeitung erfolgt über die erprobte Methode: „Erst sprechen, dann spielen". Einfache Tiernamen, die Vornamen Ihrer Kinder, motivierende Sprechtexte und die spezielle Bum Bum Clap-Klangsprache helfen beim Verknüpfen der Rhythmen mit inneren Bildern und Vorstellungen, was wiederum dazu beiträgt, dass die Kinder die Klangfolge länger im Gedächtnis behalten und somit am Ende über eine Vielzahl an elementaren Body Percussion-Rhythmen verfügen, die sie flexibel anwenden, variieren und erweitern können.

Die Body Percussion-Rhythmen

„Vom Leichten zum Schweren" lautet das Prinzip, nach dem die Rhythmen angeordnet sind. Los geht es mit einfachen Klangfolgen speziell für die 5- bis 7-Jährigen. Die *Tier-Rhythmen* beschränken sich zunächst auf zwei unterschiedliche Klänge, die mit beiden Händen gleichzeitig gespielt werden. *Wir haben einen ganzen Zoo zu Haus!* versteht sich als Fortsetzung der Tier-Rhythmen. Die zuvor gelernten Klangfolgen können nicht nur beliebig aneinandergereiht, sondern auch um weitere Tiere und Klänge ergänzt werden.

Die beiden Spielstücke *Rechts-Links-Trommeln* und *Wir sind eine Affenbande!* dienen als Vorübung für die folgenden Body Percussion-Rhythmen, denn sie führen die 7- bis 10-Jährigen an das rechts-links-abwechselnde Spielen, das sogenannte Hand-zu-Hand-Prinzip heran. Mit den *Namens-Rhythmen* werden die Klangfolgen zunehmend komplexer und anspruchsvoller, doch mit Hilfe der Vornamen Ihrer Kinder und einem lustigen Reaktionsspiel vorweg gar kein Problem.

Den Abschluss bilden die *Bum Bum Clap-Rhythmen*. Neu ist dabei nicht nur die spezielle Klangsprache, sondern auch das Spielen von Rhythmen im 3/4- und 2/4-Takt. Bei den folgenden zwei Liedern *Alle Vöglein sind schon da!* und *Lasst uns froh und munter sein* können die Kinder zeigen, was sie alles gelernt haben.

▶ 13 Tier-Rhythmen

Gestaltung: Richard Filz

1	Os	Os	K	K
	Bä -	ren,	Frö -	sche
2	Os	K	Os	K
	Bär,	Frosch,	Bär,	Frosch
3	Os Os	K	Os Os	K
	Bär und	Frosch,	Bär und	Frosch
4	Os	K	Os Os	K
	Bär,	Frosch,	Bär und	Frosch

▶ 14 Wir haben einen ganzen Zoo zu Haus!

Text & Musik: Richard Filz,
Janice Höber-Filz
© RhythmOne

(Bei) uns zu	Haus, da	ist was	los, da
gibt es	Tie - re	klein und	groß!

Klangfolge (Beispiel)

bel. wdh.

Os	K	St	Ko
Bär,	Frosch,	Pferd,	Kuh

Egal ob Bär, Frosch, Hund oder Kuh – Kinder lieben Tiere. Und mit ihrer Hilfe verwandeln Sie das Klassenzimmer in einen rhythmischen Zoo. Dabei dienen die verschiedenen Tiere als Merkhilfe für einzelne Körperklänge. So steht zum Beispiel der Bär für das Patschen auf die Oberschenkel. Wichtig ist, dass Sprech- und Spielrhythmus übereinstimmen oder anders gesagt, dass eine Silbe einem Schlag entspricht. Die Spielaktionen werden mit beiden Händen gleichzeitig ausgeführt, weshalb sich die Erarbeitung und Umsetzung der Tier-Rhythmen für die 5- bis 7-Jährigen eignet.

Schritt für Schritt

Schritt 1 – Reaktionsspiel

Beschränken Sie sich am Anfang auf zwei Tiere bzw. auf zwei Klänge, die Sie mit Hilfe eines lustigen Reaktionsspiels einführen. Erklären Sie den Kindern, dass sie bei „Bär" mit beiden Händen auf die Oberschenkel patschen sollen, während sie bei „Frosch" einmal klatschen. Sagen Sie die beiden Tiere in einer beliebigen Reihenfolge an. Die Kinder reagieren, indem sie den jeweiligen Klang spielen und gleichzeitig dazu sprechen. Steigern Sie das Tempo oder übertragen Sie einem Kind die Rolle des Spielleiters und sorgen Sie somit für mehr Abwechslung.

Schritt 2

Bilden Sie mit Hilfe der beiden Tiere einfache Rhythmen (Nummer 1 – 4). Sprechen Sie die Tiernamen deutlich und rhythmisch vor. Die Kinder sprechen nach. Nehmen Sie die jeweiligen Klänge hinzu. Die Kinder machen mit. Durch das fortlaufende Sprechen und Spielen verfestigt sich die Klangfolge. Lassen Sie die Stimme weg und stimmen Sie stattdessen ein einfaches Lied an (S. 62, 63).

Schritt 3

Wenn die Kinder die Klangfolge beherrschen, nehmen Sie ein neues Tier (z. B. Hund) bzw. einen neuen Klang (z. B. Br) hinzu und starten das Reaktionsspiel erneut. Tauschen Sie den Hund gegen den Bären und bilden Sie somit eine neue Klangfolge (z. B. Br K Br K). Auf diese Weise können Sie das Reaktionsspiel und das Bilden von verschiedenen Klangfolgen beliebig fortsetzen. Lassen Sie die Kinder schließlich eigene Klangfolgen erfinden. Mal sehen, wer sich die meisten Tiere und ihren entsprechenden Klang merken und mindestens dreimal hintereinander fehlerfrei spielen kann. Oder Sie fragen nach, wer die meisten Tiere zu Hause hat und leiten so zum Stück *Wir haben einen ganzen Zoo zu Haus!* über, bei dem Sie die bisherigen Klangfolgen beliebig aneinanderreihen können.

▶ 15

Rechts-Links-Trommeln

Text & Musik: Richard Filz, Janice Höber-Filz

Br	Br	Br	Br
Rechts -	Links -	Trom -	meln,
Ba	Ba	Ba	Ba
cool	und	lo -	cker!
LOs	LOs	LOs	LOs
Kei -	ner	fällt	mir
ROs	ROs	ROs	ROs
hier	vom	Ho -	cker!

▶ 16

Wir sind eine Affenbande!

Text & Musik: Richard Filz, Janice Höber-Filz

Br	Br	Br	Br	Br	Br	Br	Br
Wir	sind	ei -	ne	Af -	fen -	ban -	de!
Ba	Ba	Ba	Ba	Ba	Ba	K	
Wir	sind	nicht	zu	top -	pen,	Yo!	
LOs	LOs	LOs	LOs	LOs	LOs	LOs	LOs
Wir	sind	aus	dem	Af -	fen -	lan -	de!
ROs	ROs	ROs	ROs	ROs	ROs	K	
Wir	sind	nicht	zu	stop -	pen,	Yo!	

Jetzt heißt es cool und locker bleiben, denn auf die Kinder wartet eine erste große Herausforderung – das rechts-links-abwechselnde Spielen. Doch die bereits bekannte Klangfolge *Br, Ba, Los, Ros* (S. 34) vereinfacht die Umsetzung und schon bald wird Ihre „Affenbande" feststellen, dass sie nicht zu toppen ist. Erarbeiten Sie die Stücke *Rechts-Links-Trommeln* und *Wir sind eine Affenbande!* nacheinander und führen Sie so die 7- bis 10-Jährigen schrittweise vom Einfachen zum Schweren, von der einfachen zur doppelten Pulsgeschwindigkeit.

Schritt für Schritt

Schritt 1

Aufstellung im Sitzkreis. Erarbeiten Sie den Text über Vor- und Nachsprechen. Sprechen Sie Satz für Satz in einem gleichbleibenden Puls. Die Kinder sprechen nach. Beliebig wiederholen.

Schritt 2

Nehmen Sie die Body Percussion-Klänge hinzu. Erarbeiten Sie den Text mit der Klangfolge über Vor- und Nachmachen. Gehen Sie satzweise vor. Beliebig wiederholen.

Schritt 3

Fügen Sie die Sätze einschließlich der Klangfolgen zusammen und wiederholen Sie das Stück nach Belieben. Den Sprechtext auf Zeichen weglassen und wieder hinzunehmen (Ansage: „Wie-der spre-chen!").

Varianten

Patschen Sie statt auf die eigenen Oberschenkel auf die Oberschenkel des linken und rechten Nachbarn. Bringen Sie Bewegung in Ihre „Affenbande", indem Sie die Kinder mit dem ersten Satz aufstehen und mit dem zweiten Satz gleich wieder setzen lassen. In einem weiteren Schritt stehen die Kinder mit dem ersten Satz auf, gehen einen Platz nach rechts weiter und setzen sich mit dem zweiten Satz wieder hin. Chaotisch und lustig zugleich wird es zum Abschluss, wenn die Kinder mit dem ersten Satz aufstehen, sich einen Platz ihrer Wahl suchen und mit dem zweiten Satz wieder setzen.

▶ 17

Namens-Rhythmen

Text & Musik: Richard Filz, Janice Höber-Filz

1	Os		Os		K	K	K	
	Lu -		kas,		Le -	o -	nie	
2	Br		K		Os	Os	Os	
	Kim,		Max,		An -	ni -	ka	
3	Br	Br	K		Os	Os	Os	
	Mi -	a,	Jan,		Fa -	bi -	an	
4	Br	Br	K		Os	Os	Os	Os
	Em -	ma,	Nick,		Ka -	tha -	ri -	na
5	Os	Os	Os	Os	St	St	K	
	A -	le -	xan -	der,	An -	na,	Ben	
6	Br	Br	K	Os	Os		K	
	Li -	sa,	Tom,	So -	phie,		Tom	
7	Br	Br	K	Os	Os		Os	
	Lil -	li,	Tim,	Jo -	han	-	na	
8	Br	Br	K	Os	Os	Os	Os	
	Le -	na,	Paul,	E -	mi -	li -	a	

Mia, Nick, Emilia ... Die Vornamen Ihrer Gruppe sind wahrscheinlich genauso zahlreich wie die Körperklänge und die Rhythmen, die sich damit bilden lassen. Die *Namens-Rhythmen* bereiten den Kindern erfahrungsgemäß sehr viel Spaß und sorgen dafür, dass sie auch Wochen später noch mit „A-le-xan-der, An-na, Ben" über den Hof spazieren. Nutzen Sie den Video-Clip, um sich einen Eindruck über die verschiedenen Namens-Rhythmen zu verschaffen und orientieren Sie sich bei der Auswahl der Rhythmen an dem Können Ihrer Lerngruppe. So eignen sich die Beispiele 1 und 2 eher für die 5- bis 7-Jährigen, da die Spielaktionen mit beiden Händen gleichzeitig ausgeführt werden, während die Rhythmen 3 bis 8 das rechts-links-abwechselnde Spielen voraussetzen und somit die 8- bis 10-Jährigen ansprechen. Sowohl die beschriebene Erarbeitung als auch die einzelnen Spielmöglichkeiten sind langjährig erprobt und sollen Sie bei der Umsetzung der Namens-Rhythmen unterstützen.

Die Namens-Rhythmen

Das Grundprinzip der Namens-Rhythmen ist schnell und einfach erklärt. Einem Namen wird ein Klang auf dem Körper zugeordnet, zum Beispiel Mia = Patschen auf die Oberschenkel. Und die Anzahl an Silben entscheidet über die Anzahl an Schlägen. Demnach würden die Kinder bei „Mi-a" zweimal auf die Oberschenkel patschen, da der Name aus zwei Silben besteht. Je nach Alterszielgruppe wird mit beiden Händen gleichzeitig oder rechts-links im Wechsel gespielt. Der Sprechrhythmus des Namens entscheidet schließlich über den Spielrhythmus. Bei den meisten Namen kein Problem. Schwierig wird es erst bei Namen, die einen Auftakt haben. Die Übersicht an verschiedenen Namen mit und ohne Auftakt (S. 55) unterstützt Sie bei der Zuordnung der Namen Ihrer Kinder und somit bei der Umsetzung der Namens-Rhythmen.

Schritt für Schritt

Schritt 1 – Reaktionsspiel

Erarbeiten Sie den ausgewählten Namens-Rhythmus über ein lustiges Reaktionsspiel. Fragen Sie, wer in der Gruppe einen zweisilbigen Namen hat. Lassen Sie die Kinder ruhig ihren Namen laut sprechen und gleichzeitig dazu klatschen. Wählen Sie einen zweisilbigen Namen aus (z. B. Lu-kas) und erklären Sie den Kindern, dass sie den Namen nachsprechen und dabei gleichzeitig auf die Oberschenkel patschen sollen. Sprechen Sie „Lu-kas" laut und rhythmisch vor, die Kinder sprechen nach und patschen dazu auf die Oberschenkel. Wiederholen Sie den Namen mehrmals hintereinander und variieren Sie das Tempo. Wählen Sie dann einen dreisilbigen Namen (z. B. Le-o-nie) und vereinbaren Sie mit den Kindern, dass sie entsprechend der drei Silben dreimal klatschen sollen. Wiederholen Sie das Reaktionsspiel.

Mischen Sie die beiden Namen und sprechen Sie „Lu-kas, Le-o-nie" in einer beliebigen Reihenfolge rhythmisch vor. Fügen Sie zwischendurch einen anderen Namen ein (z. B. La-ra). Da für diesen Namen kein Klang vereinbart wurde, dürfen die Kinder auch nichts spielen.

Schritt 2 – Namens-Rhythmus 1

Jetzt kommt Bewegung in Ihre Gruppe. Nicken Sie im Puls mit dem Kopf und sprechen Sie den Namens-Rhythmus „Lu-kas, Le-o-nie" fortlaufend rhythmisch hintereinander. Die Kinder sprechen mit. Sorgen Sie für Abwechslung und halten Sie die Freude am Sprechen aufrecht, indem Sie beispielsweise vereinbaren, dass, wenn die Kinder „Lu-kas" sprechen, Lukas kurz aufsteht und sich gleich wieder setzt bzw. dass, wenn alle „Le-o-nie" sprechen, Leonie aufsteht und sich gleich wieder setzt. Oder dass, während die Gruppe den Namens-Rhythmus weiterspricht, bei „Lu-kas" alle Jungen und bei „Le-o-nie" alle Mädchen aufstehen und sich gleich wieder setzen.

Schritt 3

Nachdem die Kinder den Namens-Rhythmus fortlaufend rhythmisch gesprochen haben, werden die entsprechenden Klänge hinzugenommen. Mit zunehmender Sicherheit können Sie die Stimme weglassen, sodass nur noch die Klangfolge zu hören ist. Nicht selten wird die Gruppe dann schneller. Brechen Sie in diesem Fall nicht ab, sondern nehmen Sie die Stimme wieder hinzu (Ansage: „Wie-der sprechen!"). Oder lassen Sie die Kinder zunächst nur „Lu-kas" und anschließend nur „Le-o-nie" sprechen. Sie können auch die Gruppe teilen und vereinbaren, dass die Jungen „Lu-kas" und die Mädchen „Le-o-nie" sprechen, während die Klangfolge ununterbrochen weiterläuft.

Schritt 4

Je mehr Namens-Rhythmen die Kinder kennen und beherrschen, desto vielfältiger werden die Anwendungsmöglichkeiten, wie zum Beispiel:

- das Spielen eines mehrstimmigen Rhythmus-Arrangements bestehend aus zwei oder vier unterschiedlichen Namens-Rhythmen (z. B. Namens-Rhythmus 1 und 4)
- das Spielen der Rhythmen zu ausgewählter Übungsmusik
- das Spielen der Rhythmen als Begleitung von Liedern (S. 62, 63)
- das Spielen der Rhythmen als Basis von Circle-Aktivitäten (Kapitel 8)

Namens-Rhythmen gestalten

Mit der Zeit werden Sie und die Kinder zunehmend an Sicherheit gewinnen und eigene Klangfolgen entwickeln wollen. Die folgenden Tipps sollen Sie bei diesem kreativen Prozess unterstützen. Einsilbige Vornamen sind wie geschaffen für Namens-Rhythmen, in denen nur ein einzelner Klatscher vorkommt. Sollte es in Ihrer Gruppe kein Kind mit einem einsilbigen Namen geben, wählen Sie die Kurzform, zum Beispiel: Benjamin = Ben. Wenn Sie Rhythmen wie Nummer 4 oder 8 spielen wollen und keinen viersilbigen Namen haben, wählen Sie einfach zwei zweisilbige Vornamen oder greifen Sie auf den Nachnamen zurück.

Beispiele

einsilbige Namen:
Kim, Liz, Claire, Jack, Stan, Till

zweisilbige Namen:
Lau-ra, Ma-ja, Han-na, No-ah, Li-am, Le-on

dreisilbige Namen:
Ju-li-a, A-me-lie, E-le-na, Va-len-tin, Jo-na-than, Chris-ti-an

viersilbige Namen:
Va-len-ti-na, I-sa-bel-la, Ca-ro-li-na, Je-re-mi-as, Le-o-nar-do, A-dri-a-no

zweisilbige Namen mit Auftakt:
Ma-rie, Chan-tal, Pas-cal, Mar-cel

dreisilbige Namen mit Auftakt:
Va-nes-sa, Pau-li-ne, Me-li-na, E-li-as, To-bi-as, Ri-car-do

viersilbige Namen mit Auftakt:
Ve-ro-ni-ka, Fe-li-ci-tas, Cor-ne-li-a, An-to-ni-o, A-les-si-o, E-mi-li-o

▶ 18

Bum Bum Clap-Rhythmen im 4/4-Takt

Gestaltung: Richard Filz

1	Br		K		Br		K	
	bum		clap		bum		clap	
2	Br	Br	K		Br	Br	K	
	bum	bum	clap		bum	bum	clap	
3	Br	Br	K	Br	Br		K	
	bum	bum	clap	bum	bum		clap	
4	Br		Sn		K		Sn	
	bum		and		clap		and	
5	Br	Sn	K	Sn	Br	Sn	K	Sn
	bum	and	clap	and	bum	and	clap	and
6	St		K		St	St	K	
	stomp		clap		stomp	stomp	clap	
7	St		K		Bf	Bf	Bf	
	stomp		clap		but -	ter -	fly	
8	St		K	Bf Bf	Bf	St	K	
	stomp		clap	but - ter -	fly	stomp	clap	

Bum Bum Clap-Rhythmen im 3/4-Takt

1	Br	K	K
	bum	clap	clap
2	Br	Sn	K
	bum	and	clap
3	St	K	K
	stomp	clap	clap

Bum Bum Clap-Rhythmen im 2/4-Takt

1	Br	K
	bum	clap
2	Br Br	K
	bum bum	clap
3	St	K
	stomp	clap

Bisher haben Tiere und die Vornamen der Kinder bei der Erarbeitung und Umsetzung von Body Percussion-Rhythmen geholfen. Mit *Bum Bum Clap* lernen Sie an dieser Stelle eine spezielle Klangsprache kennen, die mehr nach Schlagzeug klingt und daher vor allem die 8- bis 10-Jährigen anspricht. Ähnlich wie bei den Tier- und Namens-Rhythmen wird auch in diesem Fall einer Silbe ein bestimmter Klang zugeordnet. So steht „bum" für das Patschen auf den Oberkörper, das als tiefster Klang die Bass Drum imitiert. „Clap" bedeutet klatschen und entspricht der kleinen Trommel, der sogenannten Snare Drum. „Sn" steht eigentlich für Schnipsen. Doch statt „snap" wird hier „and" gesprochen, um auch im schnelleren Tempo den Sprechfluss nicht zu unterbrechen. Mit dem vergleichsweise hohen Klang wird die Hi-Hat beim Schlagzeug nachgeahmt. Neu ist auch das Spielen von Rhythmen im 3/4- und 2/4-Takt.

Schritt für Schritt

Schritt 1 – Reaktionsspiel

Starten Sie zunächst mit nur einem Klang. Erklären Sie, dass die Kinder bei der Silbe „bum" mit der rechten Hand auf den Oberkörper patschen und gleichzeitig dazu „bum" sprechen sollen. Sprechen Sie kurz und prägnant die Silbe „bum" mehrmals hintereinander. Variieren Sie dabei das Tempo. Nehmen Sie das Klatschen als zweiten Klang hinzu. Erklären Sie kurz, was passiert, wenn Sie „clap" sagen. Starten Sie das Reaktionsspiel von Neuem. Mischen Sie die beiden Klänge und sprechen Sie die Silben „bum" und „clap" in einer beliebigen Reihenfolge vor. Die Kinder reagieren, indem sie den jeweiligen Klang spielen und gleichzeitig dazu sprechen. Steigern Sie das Tempo oder übertragen Sie einem Kind die Rolle des Spielleiters.

Schritt 2

Bilden Sie mit Hilfe der beiden Klänge einfache Rhythmen (Nummer 1 – 3). Erarbeiten Sie den ausgewählten Rhythmus über Vor- und Nachsprechen. Sprechen Sie die Silben kurz und rhythmisch. Beliebig wiederholen.

Schritt 3

Nehmen Sie die entsprechenden Klänge hinzu. Die Kinder machen mit. Das Sprechen auf Zeichen weglassen und wieder hinzunehmen (Ansage: „Wieder spre-chen!"). Beliebig wiederholen.

Schritt 4

Wenn die Kinder die Klangfolge sicher beherrschen, können Sie den dritten Klang, das Schnipsen, hinzunehmen und das Reaktionsspiel wiederholt starten. Wählen Sie anschließend Rhythmen mit drei verschiedenen Klängen (Nummer 4 und 5) und erarbeiten Sie diese nach dem bereits bekannten Prinzip. Das gleiche Vorgehen gilt auch für die Einführung des Stampfens und des Butterflys.

Schritt 5

Je mehr Bum Bum Clap-Rhythmen die Kinder kennen und beherrschen, desto vielfältiger werden die Anwendungsmöglichkeiten, wie zum Beispiel:

- das Spielen der Rhythmen zu ausgewählter Übungsmusik
- das Spielen der Rhythmen als Begleitung von Liedern (S. 62, 63)
- das Spielen der Rhythmen als Basis von Circle-Aktivitäten (Kapitel 8)

Varianten

Erfahrungsgemäß bereitet der Bum Bum Clap-Rhythmus mit dem Butterfly (Nummer 7) auch den 6- und 7-Jährigen großen Spaß. Da die englischen Begriffe zu diesem Zeitpunkt nur selten bekannt sind, kann zur Erarbeitung und Umsetzung auf die deutschen Begriffe „Stampf", „Klatsch", „Schmetterling" zurückgegriffen werden.

Bum Bum Clap-Rhythmen im 4/4-Takt passen zu:

Die Hexe Wackelzahn
Dracula-Rock
Hey, Pippi Langstrumpf
I like the flowers
In der Weihnachtsbäckerei
Jingle Bells
M-M, sagt der grüne Frosch
Probier's mal mit Gemütlichkeit
Shalala
Weil heute dein Geburtstag ist

Bum Bum Clap-Rhythmen im 3/4-Takt passen zu:

Happy Birthday
Kuckuck, ruft's aus dem Wald
Mein Hut, der hat drei Ecken
Schneeflöckchen, Weißröckchen
Viel Glück und viel Segen

Bum Bum Clap-Rhythmen im 2/4-Takt passen zu:

Auf der Mauer, auf der Lauer
Das Auto von Lucio
Die Vogelhochzeit
Drei Chinesen mit dem Kontrabass
Kling, Glöckchen, kling

Eine Liedbegleitung gestalten

Die Kinder haben mittlerweile eine Vielzahl an Body Percussion-Rhythmen kennengelernt, die sie nun als Liedbegleitung anwenden können.

Im Folgenden finden Sie wesentliche Hinweise zur Gestaltung und Umsetzung einer effektvollen Body Percussion-Begleitung. Außerdem enthält das Kapitel zwei bekannte Lieder mit jeweils einem Vorschlag für eine mögliche Begleitung, mit der Sie sofort loslegen können.

Wie die Liedbegleitung auf dem Klavier oder mit der Gitarre muss auch die Body Percussion-Begleitung auf das jeweilige Lied abgestimmt werden. Die möglichen Herangehensweisen sollen Ihnen dabei helfen, einen passenden Begleitrhythmus zu finden bzw. auszuwählen.

- Probieren Sie die Begleitrhythmen (S. 48, 52, 56, 57) aus, während die Kinder das Lied singen. Wenn sich ein Rhythmus „gut anfühlt", ist er als Begleitrhythmus geeignet.

- Probieren Sie verschiedene Begleitrhythmen zur Aufnahme aus und entscheiden Sie, welcher der Rhythmen Ihrer Meinung nach am besten passt.

- Vergleichen Sie die Taktart des Liedes mit der Taktart der Begleitrhythmen. Wenn das Lied im 4/4-Takt notiert ist, kommen in der Regel alle Begleitrhythmen in Frage, die ebenfalls im 4/4-Takt stehen. Gleiches gilt für Lieder im 3/4- und 2/4-Takt.

Wenn die Kinder den Begleitrhythmus bereits kennen, müssen Sie ihn an dieser Stelle nur kurz wiederholen. Ansonsten erarbeiten Sie den ausgewählten Rhythmus wie in dem entsprechenden Abschnitt beschrieben. Fangen Sie mit zunehmender Sicherheit an, die Melodie des Liedes zu summen oder einzelne Strophen zu singen.

Für Kinder ist das gleichzeitige Singen und Spielen der Body Percussion-Rhythmen eine große Herausforderung. Bilden Sie deshalb zwei Gruppen, Sänger und Body Percussionisten, die sich gegenüberstehen. Sie als Spielleiter stehen in der Mitte und leiten die beiden Gruppen an. Geben Sie zunächst der Rhythmus-Gruppe den Einsatz, indem Sie laut einzählen. Im 4/4-Takt: „Eins, zwei, los geht's!", im 3/4-Takt: „Eins, zwei, (und) los!" und im 2/4-Takt: „Eins, zwei, los geht's!" Lassen Sie den Begleitrhythmus etwas laufen, ehe Sie den Sängern ihren Einsatz geben. Ob Sie den Anfangston kurz ansingen bzw. ansummen und wie Sie die Gruppe starten, ob über Einzählen, das kurze Einatmen und einen deutlichen Impuls oder sogar mit Hilfe eines Schlagbildes, entscheiden Sie aufgrund Ihrer bisherigen Arbeit mit den Kindern. Wichtig ist nur, dass der erste Schlag des Begleitrhythmus mit der „Eins" des Liedes übereinstimmt. Achten Sie außerdem darauf, dass Gesang und Begleitung nicht auseinanderlaufen. Erfahrungsgemäß werden die Body Percussionisten stetig schneller. Unterstützen Sie die Gruppe, indem Sie eine bremsende Handbewegung machen oder mitspielen.

Noch mehr? Bitte sehr!

Sie können die bisherige Begleitung jederzeit erweitern, indem Sie Stopps und Wirbel auf den Oberschenkeln einfügen. Nutzen Sie dazu die Circle-Zeichen (S. 114). Stoppen Sie beispielsweise die Body Percussionisten, während der Gesang weiterläuft. Starten Sie den Begleitrhythmus, indem Sie mit den Fingern „1, 2, 3, 4" einzählen oder laut „Eins, zwei, wei-ter geht's!" sprechen. Beenden Sie das Lied mit einem gemeinsamen Wirbel und Abschlag auf den Oberschenkeln. Noch beeindruckender wird die Begleitung, wenn Sie für Strophe und Refrain unterschiedliche Body Percussion-Rhythmen verwenden. Nutzen Sie die beispielhaften Begleitungen zu den Stücken (S. 62, 63) als Anregung.

Schnelle Lieder zu begleiten, ist besonders schwer und die Gefahr, dass Body Percussion-Rhythmus und Gesang auseinanderlaufen, besonders hoch. Kleiner Tipp: Spielen Sie den Begleitrhythmus in der halben Geschwindigkeit.

▶ 19

Alle Vöglein sind schon da!

Arrangement: Richard Filz
© RhythmOne

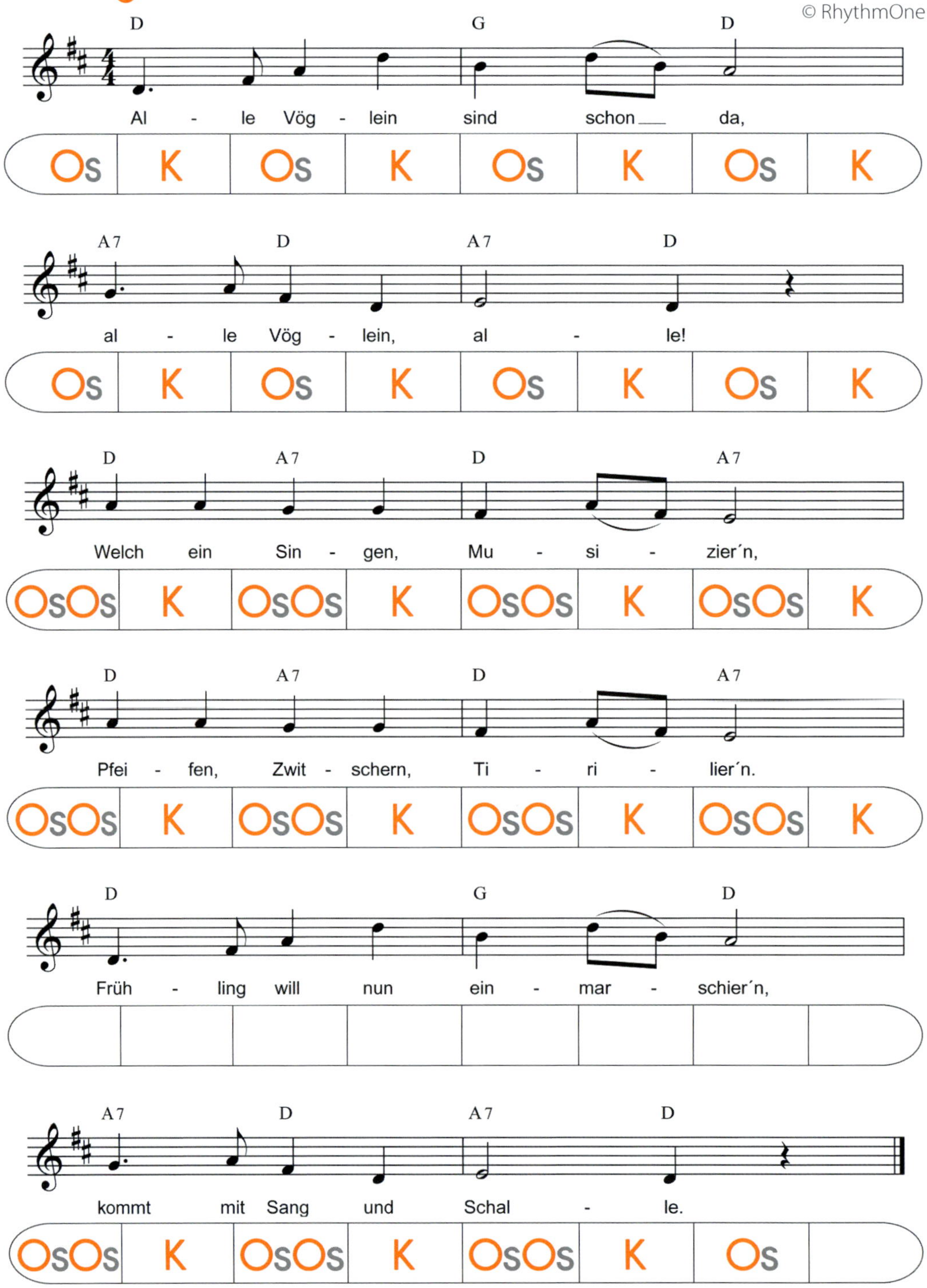

▶ 20

Lasst uns froh und munter sein

Arrangement: Richard Filz

Rhythmische Muntermacher

Morgens lächeln, freundlich grüßen, das wird uns den Tag versüßen. Mit den kurzen und zugleich effektvollen Muntermachern wecken Sie auch die letzten Morgenmuffel in Ihrer Gruppe und starten gemeinsam gut gelaunt in den neuen Tag oder eine Unterrichtsstunde. Einmal einstudiert, können sie sogar zu einem täglichen Ritual werden, das das Zusammengehörigkeitsgefühl stärkt. Die Rhythmusstücke sind leicht zu erarbeiten und führen zu einem schnellen Erfolgserlebnis. Die vielfältigen Versionen sorgen dabei für Abwechslung und erleichtern gleichzeitig die Anpassung an das Können Ihrer Lerngruppe.

Inhaltlich werden frühmorgendliche Situationen aus dem (Schul-)Alltag aufgegriffen und mit lustigen Sprechtexten verknüpft. Doch hinter den spaßbetonten Muntermachern steckt noch mehr als nur das Wecken der Kinder. Die differenzierten Spielaktionen, wie zum Beispiel die Überkreuzbewegung oder der rechte und linke Kreis-Klatscher, fördern das Zusammenspiel der Gehirnhälften und tragen somit spielerisch dazu bei, die Gedächtnisleistung und die Konzentrationsfähigkeit zu verbessern. Langfristig werden diese Übungen positive Effekte auf andere Bereiche des schulischen Lernens haben.

Die Spielstücke

Für einen motivierenden Start in den Tag sorgt das kurze Aufwärmstück *Aufgewacht! 2*. Mit ihm wecken Sie nicht nur die 5- und 6-Jährigen, sondern auch die Schulsachen und sogar das Klassenzimmer. Danach wird auch der letzte Morgenmuffel sagen: *Ich bin wach!* Ein Satz, verschiedene Variationen. Dabei reichen die spielerischen Anforderungen von einfach bis knifflig, vom beidhändigen Patschen bis zur Überkreuzbewegung, und begeistern so Klein und Groß. Nach der gemeinsamen Weckaktion gelingt auch die nächste Herausforderung im Handumdrehen.

Ohren gespitzt und aufmerksam zugehört – für Kinder gar nicht so einfach, doch mit diesem einfachen Motivationsstück werden die 5- bis 7-Jährigen überzeugt sagen: *Ja, wir schaffen das!*

Voller Energie sind auch die beiden Muntermacher *Guten Morgen!* und *Are you ready?* Kurz und einfach eignen sie sich für den schnellen Rhythmusspaß mit den 7- bis 10-Jährigen. Ein Lächeln am Morgen kann Wunder bewirken! So lautet auch die Botschaft von *Morgens lächeln!*, die grundsätzlich für alle gilt, auch wenn sich die rechts-links-abwechselnden Spielaktionen eher für die Erarbeitung und Umsetzung mit den 8- bis 10-Jährigen eignen. Ebenso wie der coole Muntermacher *Mein Gehirn schalt' ich jetzt ein!*

▶ 21

Aufgewacht! 2

Text & Musik: Richard Filz

Version 1

Gäh - nen, stre - cken,

Os	Os	Os	Os

Bei - ne we - cken.

Version 2

Gäh - nen, stre - cken,

Ko	Ko	Ko	Ko

Köpf - chen we - cken.

Version 3

Gäh - nen, stre - cken,

Na	Na	Na	Na

Na - se we - cken.

Wer schnarcht denn da? Mit *Aufgewacht! 2* wecken Sie nicht nur die Kinder, sondern die Schulsachen und das Klassenzimmer gleich mit. Das Stück eignet sich vor allem für die 5- und 6-Jährigen. Abwechslungsreiche Spielmöglichkeiten oder die Umsetzung als Kanon machen den einfachen Muntermacher aber auch für die Größeren interessant. Die Trommelversion finden Sie in dem Lehrwerk *Trommeln mit Kids – Rhythmus- und Trommelspiele für 5- bis 10-Jährige* (S. 24).

Schritt für Schritt

Schritt 1

Sprechen Sie den Text „Gäh-nen, stre-cken, Bei-ne we-cken!" fortlaufend rhythmisch vor. Nehmen Sie die Gesten (gähnen, strecken) und das Patschen auf die Oberschenkel hinzu. Die Kinder sprechen und machen mit. Beliebig wiederholen.

Schritt 2

Wecken Sie als nächstes das Köpfchen und die Nase (Version 2 und 3). Bei ganz hartnäckigen Morgenmuffeln fragen Sie einfach die Kinder, was man noch wecken könnte. Sie werden erstaunt sein, auf welche kreativen Ideen sie dabei kommen. Oder Sie nutzen den lustigen Actionsong *Aufgewacht! 3* (S. 94), der von Kopf bis Fuß alles und jeden weckt.

Variante

Verwenden Sie den kurzen Muntermacher zu Beginn eines Unterrichtstages, um verschiedene Gegenstände aus der Schultasche oder dem Klassenzimmer zu wecken. Ändern Sie die zweite Textzeile entsprechend auf „Stif-te wecken", „Hef-te we-cken", „Bü-cher wecken", „Ti-sche we-cken" oder „Stüh-le we-cken" und spielen Sie dabei auf dem entsprechenden Gegenstand.

gähnen

strecken

Ich bin wach!

Text & Musik: Richard Filz
© RhythmOne

Version 1

K	Os	Os	Os
Ich	bin	wach,	ja!

Pk	Os	Os	Os
Du	bist	wach,	ja!

Kk	Os	Os	Os
Wir	sind	wach,	ja!

▶ 22

Version 2

auf sich zeigen		Hände kreuzen	
	Os	Os	K
Ich	bin	wach,	ja!

		Hände kreuzen	
Pk	Os	Os	K
Du	bist	wach,	ja!

		Hände kreuzen	
KkR	Os	Os	K
Wir	sind	wach,	ja!

Nachdem der Körper ausgiebig geweckt wurde *(Aufgewacht! 2)*, heißt es schließlich: *Ich bin wach!* Ein Satz, der sich beliebig anpassen und erweitern lässt. Die beidhändigen Spielaktionen in Version 1 eignen sich für die Umsetzung mit den 5- bis 7-Jährigen, wohingegen sich die anspruchsvollere Version 2 am Können der 8- bis 10-Jährigen orientiert. Nutzen Sie den Video-Clip, um einen ersten Eindruck zu erhalten.

Schritt für Schritt

Schritt 1 – Version 1

Aufstellung im Sitzkreis. Sprechen Sie die erste Zeile beliebig oft vor. Nehmen Sie bei „Ich" eine entsprechende Geste hinzu. Die Kinder sprechen und machen mit.

Schritt 2

Nehmen Sie das Klatschen und Patschen hinzu. Die Kinder spielen mit.

Schritt 3

Sprechen Sie die zweite Zeile beliebig oft vor. Nehmen Sie bei „Du" eine entsprechende Geste hinzu. Die Kinder sprechen und machen mit.

Schritt 4

Die Kinder sitzen einander paarweise gegenüber. Zeigen Sie mit einem Kind das Partnerklatschen und Patschen vor. Die Kinder spielen mit.

Schritt 5

Sprechen Sie die dritte Zeile beliebig oft vor. Nehmen Sie bei „Wir" eine entsprechende Geste hinzu. Die Kinder sprechen und machen mit.

Schritt 6

Üben Sie den Kreis-Klatscher im Sitzkreis. Nehmen Sie das Patschen hinzu. Die Kinder spielen mit.

Schritt 7

Fügen Sie die Zeilen zusammen und wiederholen Sie diese beliebig oft.

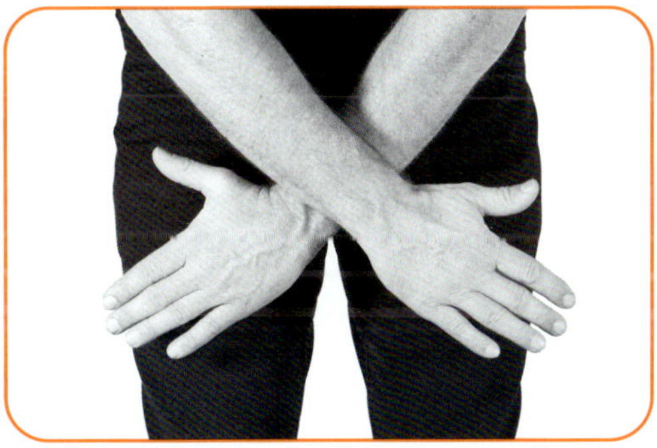

Hände kreuzen

▶ 23

Ja, wir schaffen das!

Text & Musik: Richard Filz

Os	Os	Os	Os
Lei - se	sein, die	Oh - ren	spit - zen!
Os	Os	Os	Os
Au - gen	auf, ge -	ra - de	sit - zen!
Os	Os	Os	Os
Lan - ger	Hals wie	die Gi -	raf - fen!
Os	Os	Os	Os
Kön - nen	wir das	heu - te	schaf - fen?

Schluss

4x

K	K	Os Os	Os
Ja,	wir	schaf - fen	das!

Laola-Welle

Oooooh!

Munter und hoch motiviert geht es mit *Ja, wir schaffen das!* weiter. Richtig angeleitet, werden sich die 5- bis 7-Jährigen ganz von allein gerade hinsetzen und Ihnen aufmerksam zuhören. Das Stück ist nicht nur schnell und einfach zu erarbeiten, es fördert auch das Zusammengehörigkeitsgefühl und den Teamgeist Ihrer Gruppe.

Schritt für Schritt

Schritt 1

Patschen Sie im Puls auf die Oberschenkel. Unterstützen Sie die Kinder beim Empfinden des gleich bleibenden Pulses, indem Sie deutlich mit dem Kopf nicken oder dem ganzen Oberkörper mitwippen. Sprechen Sie die ersten vier Zeilen Satz für Satz rhythmisch vor. Die Kinder sprechen nach. Beliebig wiederholen.

Schritt 2

Erarbeiten Sie das gemeinsame Motto: „Ja, wir schaffen das!" (Zeile 5). Sprechen Sie den Satz zunächst rhythmisch vor, ehe Sie die verschiedenen Spielaktionen hinzunehmen. Die Kinder sprechen und machen mit. Beliebig wiederholen.

Schritt 3

Fügen Sie die Zeilen 1 bis 5 zusammen und üben Sie den Ablauf. Besprechen Sie in diesem Zusammenhang auch das Ende, die gemeinsame Laola-Welle (Zeile 6). Fügen Sie schließlich alle Zeilen zusammen und starten Sie gemeinsam mit Ihren Kindern voller guter Vorsätze in die gemeinsame Unterrichtsstunde.

▶ 24

Guten Morgen!

Text & Musik: Richard Filz

Spielleiter — Alle — 3x

		Os Os	K K
Gu - ten	Mor - gen!	Gu - ten	Mor - gen!

Spielleiter (alle setzen) — Alle — Schlusspose

		Os Os	K
Auf die	Plä - tze,	fer - tig,	los!

▶ 25

Are you ready?

Text & Musik: Richard Filz

Spielleiter — Alle — 3x

		Os Os	K
Are you	rea - dy?	Yes, we	are!

Alle — Schlusspose

Pek Pek	Pek Pek	Pek	
		Let's	go!

Mit *Guten Morgen!* und *Are you ready?* sorgen Sie für einen energiegeladenen Start in den neuen Tag oder die gemeinsame Unterrichtsstunde. Die beiden Muntermacher eignen sich als Ritual zur Begrüßung der 7- bis 10-Jährigen. Sie sind sehr kurz und schnell zu erarbeiten. Die folgende Anleitung bezieht sich auf die Erarbeitung von *Guten Morgen!* Da die beiden Rhythmusstücke in ihrem Aufbau identisch sind, lässt sie sich problemlos auf *Are you ready?* übertragen. Als Actionsong finden Sie *Are you ready?* in dem Lehrwerk *Body Hits für Kids* (S. 56).

Schritt für Schritt

Schritt 1 – Guten Morgen!

Treten Sie strahlend vor Ihre Gruppe und begrüßen Sie sie mit einem freundlichen „Gu-ten Mor-gen!" Erarbeiten Sie gemeinsam mit den Kindern deren Antwort einschließlich der Spielaktion über Vor- und Mitmachen. Üben Sie den Wechsel zwischen Spielleiter und Gruppe. Beliebig wiederholen.

Schritt 2

Erarbeiten Sie die zweite Zeile. Sprechen Sie den Text rhythmisch vor. Nehmen Sie die Spielaktionen gleich hinzu. Die Kinder machen mit. Beliebig wiederholen.

Schritt 3

Erklären Sie den Kindern, was passiert, wenn Sie „Auf die Plä-tze" sagen und üben Sie das schnelle Hinsetzen. Erarbeiten Sie in diesem Zusammenhang auch die Schlusspose, die auf Ihr Zeichen gelöst wird. Beliebig wiederholen.

Schritt 4

Fügen Sie die beiden Zeilen zusammen und üben Sie den Ablauf. Wichtig ist, dass die Kinder mit dem ersten „Guten Mor-gen!" aufstehen.

Schlusspose

▶ 26

Morgens lächeln!

Text & Musik: Richard Filz, Janice Höber-Filz

2x

Br	Br	Br	Br	Os	Os	Os	Os
Mor -	gens	lä -	cheln,	freund -	lich	grü -	ßen,
das	wird	uns	den	Tag	ver -	sü -	ßen!

2x

Br	Br	Br	Br	Os	Os	K	
Wenn	wir	dann	nach	Hau -	se	geh'n,	
sa -	gen	wir	auf	Wie -	der -	seh'n!	

▶ 27

Mein Gehirn schalt' ich jetzt ein!

Text & Musik: Richard Filz, Janice Höber-Filz

Os	Os	Os	Os	Os	Os	Os	Os
Gu -	ten	Mor -	gen	Klas -	sen -	zim -	mer.

Br	Br	Br	Br	Br	Br	Br	Br
Ich	bin	da	und	cool	wie	im -	mer.

Ko	Ko	Ko	Ko	Ko	Ko	Ko	
Mein	Ge -	hirn	schalt'	ich	jetzt	ein	

Hr	Hr	Hr	Hr	Hr	Hr	Hr	M
und	das	Quat -	schen	lass'	ich	sein.	

Ein Lächeln am Morgen bewirkt Wunder und bei solch einer freundlichen Begrüßung freut sich selbst das Klassenzimmer. Das Umsetzen von *Morgens lächeln!* und *Mein Gehirn schalt' ich jetzt ein!* setzt voraus, dass die Kinder bereits rechts-links-abwechselnd spielen können, weshalb sich die beiden Stücke für die 8- bis 10-Jährigen eignen.

Schritt für Schritt

Schritt 1

Erarbeiten Sie den Text über Vor- und Nachsprechen. Sprechen Sie Zeile für Zeile rhythmisch vor. Die Kinder sprechen nach. Beliebig wiederholen.

Schritt 2

Wiederholen Sie den Text und nehmen Sie die entsprechenden Body Percussion-Aktionen hinzu. Die Kinder sprechen und spielen mit. Beliebig wiederholen.

10 Minuten Rhythmus

Ärmel hoch! Wir fangen an! Ob als Startschuss zu Beginn einer Unterrichtsstunde, als kurze Auflockerung zwischendurch oder zur Verabschiedung am Ende eines Schultages – mit nur einem einzigen Satz gestalten Sie eine 10-minütige Rhythmuseinheit, die begeistert und alle mitnimmt. Dabei sorgen die zahlreichen Variationen für jede Menge Unterhaltung und Abwechslung.

Am Beispiel von *Schön, dich zu sehen!* werden die Erarbeitung einschließlich der verschiedenen Variationsmöglichkeiten exemplarisch aufgezeigt. Übertragen Sie die Abfolge auf die anderen Sätze. Gehen Sie dabei kreativ mit dem vorliegenden Material um. Vereinfachen Sie Klangfolgen und erfinden Sie weitere Variationen. Verwandeln Sie die verschiedensten Situationen im (Schul-)Alltag in eine kurze Rhythmuseinheit und bereichern Sie mit nur 10 Minuten Rhythmus am Tag Ihren Unterricht.

Schritt für Schritt

Schritt 1 – Schön, dich zu sehen!

Sprechen Sie den Satz fortlaufend rhythmisch vor. Die Kinder sprechen mit. Beliebig wiederholen.

Schritt 2

Nehmen Sie nacheinander die verschiedenen Klänge hinzu. Starten Sie mit dem Klatschen auf „Schön", nehmen Sie dann das Patschen auf den Oberkörper und schließlich die Oberschenkel hinzu. Die Kinder machen mit. Auf Zeichen das Sprechen weglassen und wieder hinzunehmen.

Variante 1

Sprechen Sie nur einzelne Wörter, während die Klangfolge unverändert weiterläuft.

Variante 2 – Partnerspiel

Die Kinder stehen sich paarweise gegenüber und führen bei „Schön" einen Partner-Klatscher aus. Bei zwei aufeinander folgenden Klatschern machen Sie daraus einen Partner-Klatscher mit der rechten und linken Hand (z. B. *Heute lassen wir es krachen!*).

Variante 3 – Begegnungsspiel

Die Kinder gehen im Raum herum und wechseln nach jedem Satz den Partner.

Variante 4 – Kreisspiel

Die Kinder stehen im Doppelkreis und gehen nach jedem Satz weiter (S. 9).

Variante 5 – Kanon

Leiten Sie einen zweistimmigen oder vierstimmigen Kanon an. Lassen Sie die Kinder nur „Schön" sprechen und gleichzeitig dazu aufstehen.

Variante 6 – Circle

Nutzen Sie den Satz als Basis von Circle-Aktivitäten (Kapitel 8).

Schön, dich zu sehen!

Text & Musik: Richard Filz

K	Br	Br	Os		Os
Schön,	dich	zu	se	-	hen!

Variante 1

K	Br	Br	Os		Os
Schön!					

K	Br	Br	Os		Os
			Se	-	hen!

K	Br	Br	Os		Os
	Dich!				

K	Br	Br	Os		Os
		Zu!			

Variante 2 – Partnerspiel (Variante 3 – Begegnungsspiel, Variante 4 – Kreisspiel)

▶ 28

Pk	Br	Br	Os		Os
Schön,	dich	zu	se	-	hen!

Variante 5 – Kanon

1 1	2		2 3		4
K	Br	Br	Os		Os
Schön,	dich	zu	se	-	hen!

▶ 29

Fleißig wie die Bienchen!

Text & Musik: Richard Filz, Janice Höber-Filz
© RhythmOne

Hände kreuzen

Os	Os	K	K	Os	Os	Oa	Oa
Wir	sind	flei -	ßig	wie	die	Bien -	chen!

Zum Lachen!

Text & Musik: Richard Filz
© RhythmOne

Version 1

				Os		K	
Ha,	ha,	ha!					

▶ 30

Version 2

Ba	Ba	Ba		St		K	
Ha,	ha,	ha!					

▶ 31

Das habt ihr gut gemacht!

Text & Musik: Richard Filz
© RhythmOne

Sk		Br	Br	Os	Os	Os	
Das		habt	ihr	gut	ge -	macht!	

▶ 32

How are you?

Text & Musik: Richard Filz
© RhythmOne

Br	Br	K		Os	Os	Os	
Hel -	lo!			How	are	you?	

▶ 33

Heute lassen wir es krachen!

Text & Musik: Richard Filz
© RhythmOne

Br	Br	Ba	Ba	Os	Os	K	K
Heu -	te	las -	sen	wir	es	kra -	chen!

Eine kleine Pause, bitte!

▶ 34

Text & Musik: Richard Filz, Janice Höber-Filz
© RhythmOne

Br	Br	LOs	LOs	ROs	ROs	Pek	Pek
Ei -	ne	klei -	ne	Pau -	se,	bit -	te!

Ärmel hoch!

▶ 35

Text & Musik: Richard Filz, Janice Höber-Filz
© RhythmOne

LOa	ROa	LOa	Rük	Br	Br	K	
Är -	mel	hoch!	Wir	fan -	gen	an!	

Weihnachtszeit

▶ 36

Text & Musik: Janice Höber-Filz
© RhythmOne

Hr	Hr	Hr		Sn	Sn	K	
Heim -	lich -	keit!		Weih -	nachts -	zeit!	

Hitzefrei!

▶ 37

Text & Musik: Janice Höber-Filz
© RhythmOne

Os	Os	LS	RS	Sn	Sn	K	
Som -	mer,	Son -	ne,	Hit -	ze -	frei!	

Tschüss, bis zum nächsten Mal!

▶ 38

Text & Musik: Richard Filz
© RhythmOne

St		Br	Br	Os	Os	K	
Tschüss,		bis	zum	nächs -	ten	Mal!	

Partner- und Kreisspiele

Sieben, acht, Kissenschlacht! Neun, zehn, weitergeh'n! Mit den Kreisspielen bringen Sie Bewegung in Ihre Lerngruppe. Die abwechslungsreichen und zum Teil kniffligen Klangfolgen machen Spaß und halten so manche Überraschung bereit. Gleichzeitig fördern sie sowohl die Konzentration als auch die koordinativen und motorischen Fähigkeiten. Die Partner- und Kreisspiele eignen sich als rhythmischer Einstieg zu Beginn einer Unterrichtsstunde oder als kurze Auflockerung zwischendurch. Zudem bieten sich die zahlreichen Variationsmöglichkeiten für die Arbeit an einem Stück in mehreren aufeinander folgenden Rhythmuseinheiten an.

Tipps zur Erarbeitung

Nutzen Sie die Video-Clips, um einen Ersteindruck zu gewinnen und orientieren Sie sich bei der Auswahl des Stückes an dem Können Ihrer Lerngruppe. Gehen Sie dabei flexibel mit dem vorliegenden Material um. Vereinfachen Sie komplizierte Klangfolgen oder verzichten Sie auf bestimmte Spielanweisungen. Erarbeiten Sie anspruchsvolle Stücke Schritt für Schritt in mehreren Einheiten. Wählen Sie ein angemessenes Lerntempo und planen Sie Phasen der Wiederholung ein, um die Klang- und Bewegungsfolgen zu festigen. Je sicherer die Kinder sich fühlen, desto mehr Spaß haben sie bei der Umsetzung der Partner- und Kreisspiele.

Die Spielstücke

In diesem Kapitel finden Sie fünf Spielstücke, die sich hinsichtlich ihres Charakters und ihres Schwierigkeitsgrades voneinander unterscheiden. *He, wie geht's dir?* ist ein kurzes, aber vielseitig einsetzbares Kreisspiel, mit dem Sie Ihre Kinder jede Stunde aufs Neue überraschen.

Hoch die Flossen! mag auf den ersten Blick sehr leicht erscheinen, doch der Kreis-Klatscher ist kniffliger, als er im ersten Moment aussieht, weshalb das Stück die 7- und 8-Jährigen anspricht.

Sieben, acht, Kissenschlacht! eignet sich für den schnellen Rhythmusspaß mit den 8- bis 10-Jährigen, denn der Text und die jeweiligen Klangfolgen sind verhältnismäßig einfach. Im Gegensatz zu *Du, ich, Beine!* und *Clap, back, snap, go!* Zwar unterstützt der Text die Kinder beim Umsetzen der unterschiedlichen Body Percussion-Klänge, doch die vielen kleinen Variationsmöglichkeiten, wie zum Beispiel das gleichzeitige Sprechen, Spielen und Gehen, verlangen höchste Konzentration. Aber mit etwas Übung gelingt auch diese Herausforderung mit Leichtigkeit.

He, wie geht's dir? 2

Text & Musik: Richard Filz

Version 1

1. Stimme

Pk	Os	Os	Os
He,	wie	geht's	dir?

2. Stimme

Os	Os	Pk	Os
Was	machst	du	hier?

▶ 39

Version 2

1. Stimme

PkR	Br	Br	Br
He,	wie	geht's	dir?

2. Stimme

Br	Br	PkR	Br
Was	machst	du	hier?

Version 3 – doppelte Geschwindigkeit

1. Stimme

PkR	Br	Br	Br	PkR	Br	Br	Br
He,	wie	geht's	dir?	He,	wie	geht's	dir?

2. Stimme

Br	Br	PkR	Br	Br	Br	PkR	Br
Was	machst	du	hier?	Was	machst	du	hier?

He, wie geht's dir? 2 ist ein vielseitig einsetzbares zweistimmiges Rhythmusspiel, bei dem sich pro Stimme immer zwei Kinder gegenüberstehen. Die einzelnen Versionen orientieren sich an dem Können der verschiedenen Alterszielgruppen. So werden bei Version 1 alle Klangfolgen beidhändig ausgeführt, während bei Version 2 rechts-links-abwechselnd gespielt wird. Das Zusammenspiel der ersten und zweiten Stimme in den einzelnen Versionen sorgt erfahrungsgemäß für viel Spaß, verlangt aber auch etwas Übung, ebenso wie das Spielen in doppelter Geschwindigkeit (Version 3). Im Video-Clip sind die beiden Stimmen, einschließlich der verschiedenen Spielaktionen, wie zum Beispiel einzelne Wörter sprechen oder das Spielen in doppelter Geschwindigkeit, nacheinander aufgenommen. Weitere Partner- und Kreisspiele finden Sie in dem Lehrwerk *Rhythmusspiele für Kids* (Kapitel 4).

Schritt für Schritt

Schritt 1 – Version 2

Aufstellung paarweise gegenüber. Sprechen Sie den ersten Satz fortlaufend rhythmisch vor. Die Kinder sprechen mit. Beliebig wiederholen.

Schritt 2

Nehmen Sie die Klangfolge hinzu. Sprechen und spielen Sie mehrmals mit einem Kind „He, wie geht's dir?" vor. Die anderen Paare sprechen und spielen mit. Beliebig wiederholen.

Schritt 3

Erarbeiten Sie nach dem selben Vorgehen die zweite Stimme.

Schritt 4

Fügen Sie die beiden Stimmen zusammen. Lassen Sie dazu Vierer-Gruppen bilden, wobei sich die Kinder einer Stimme paarweise gegenüberstehen. Starten Sie nacheinander die beiden Stimmen. Wählen Sie ein angemessenes Tempo. Wenn das Zusammenspiel sicher funktioniert, bitten Sie die Paare, jeweils nur „He" bzw. „du" zu sprechen und genießen Sie den Überraschungseffekt. Viel Spaß bereitet es auch, in doppelter Geschwindigkeit zu spielen, gleichzeitig ein Lied zu singen und sich dazu noch um die eigene Kreisachse zu drehen.

die Kinder einer Stimme stehen sich paarweise gegenüber

▶ 40

Hoch die Flossen!

Text & Musik: Richard Filz, Janice Höber-Filz

Hände in die Höhe strecken

Pin - gu -	i - ne	hoch die	Flos - sen!

360° Drehung im Pinguin-Gang

St St	St St	St St	St St
Nur nicht	drän - geln,	nur nicht	sto - ßen!

K	KkR	K	KkL
Hal - lo	Nach - bar,	komm schlag'	ein!

LOa ROa	LOa ROa	LOa ROa	K
Lass uns	Flos - sen -	freun - de	sein!

Was ist denn das für eine lustige Meute, die übers Eis watschelt und im Kreis Aufstellung nimmt? Die Herausforderungen bei *Hoch die Flossen!* liegen vor allem in den Kreis-Klatschern sowie der Überkreuzbewegung beim Patschen auf die Oberarme, weshalb sich die Erarbeitung und Umsetzung für die 7- und 8-Jährigen eignet.

Schritt für Schritt

Schritt 1

Aufstellung im Stehkreis. Erläutern Sie den Pinguin-Gang und lassen Sie die Kinder „herumwatscheln". Ändern Sie dabei die Laufrichtung (z. B. rückwärts, seitwärts rechts/links) und die Bewegungsart (z. B. auf dem rechten/linken Bein hüpfen, um die eigene Achse springen).

Schritt 2

Üben Sie den Kreis-Klatscher. Beim Kreis-Klatscher rechts zeigt die Handfläche der rechten Hand nach unten, die der linken Hand nach oben. Ein Blick auf die linke Hand des rechten Nachbarn vereinfacht die Klatschaktion. Beim Kreis-Klatscher links ist die Position der Hände genau umgekehrt. Sprechen Sie „Hal-lo Nach-bar, komm schlag' ein!" langsam rhythmisch vor. Die Kinder sprechen mit. Nehmen Sie die verschiedenen Klatschaktionen hinzu. Die Kinder machen mit. Beliebig wiederholen.

Schritt 3

Erarbeiten Sie den Text über Vor- und Nachsprechen. Sprechen Sie Satz für Satz rhythmisch vor. Die Kinder sprechen nach. Beliebig wiederholen.

Schritt 4

Nehmen Sie die Spielaktionen hinzu. Erarbeiten Sie Satz für Satz mit den verschiedenen Klangfolgen. Die Kinder machen mit. Beliebig wiederholen.

ROa auf den rechten Oberarm patschen

▶ 41

Sieben, acht, Kissenschlacht!

Text & Musik: Richard Filz

Pk	Pk	Bf	Bf	Bf
Eins,	zwei,	But -	ter -	fly!

Pk	Pk	St	St	St
Drei,	vier,	Tram -	pel -	tier!

Pk	Pk	Ba	Ba	Ba
Fünf,	sechs,	Scho -	ko -	keks!

Pk	Pk	Po	Po	Po
Sie - ben,	acht,	Kis -	sen -	schlacht!

weitergehen

Pk	Pk	St	St	St
Neun,	zehn,	wei -	ter -	geh'n!

Nur noch schnell die Beine gelockert, die „Kissen" bzw. den Po aufgeschüttelt und dann kann es auch schon losgehen mit dem lustigen Zählreim. *Sieben, acht, Kissenschlacht!* ist ein einfaches Kreisspiel, das sich für den schnellen Rhythmus- und Bewegungsspaß mit den 8- bis 10-Jährigen eignet.

Schritt für Schritt

Schritt 1

Aufstellung im Stehkreis. Sprechen Sie den Text Satz für Satz rhythmisch vor. Die Kinder sprechen nach.

Schritt 2

Wiederholen Sie den Text und nehmen Sie zum Zählen das Klatschen in die eigenen Hände hinzu. Die Kinder sprechen und spielen mit.

Schritt 3

Sprechen Sie erneut den Text und nehmen Sie die noch fehlenden Spielaktionen hinzu. Die Kinder machen mit.

Schritt 4

Üben Sie das Weitergehen. Wiederholen Sie dazu die letzte Zeile fortlaufend und lassen Sie die Kinder mit jedem „wei-ter-geh'n" drei kleine Schritte nach rechts machen.

Schritt 5

Der Spaß beginnt. Wenn die Kinder die Aufstellung im Doppelkreis bereits gewohnt sind, brauchen Sie an dieser Stelle lediglich zu wiederholen, dass sowohl der Innen- als auch der Außenkreis nach rechts weitergeht. Sollten Ihre Kinder den Platzwechsel noch nicht kennen, üben Sie an dieser Stelle das Weitergehen im Doppelkreis (siehe S. 9). Wiederholen Sie dazu die letzte Zeile fortlaufend und lassen Sie die beiden Kreise bei jedem Durchgang den Partner wechseln. Aus dem Klatschen in die eigenen Hände wird in diesem Schritt ein Partnerklatschen.

Variante

Wenn die Kinder den beidhändig ausgeführten Partner-Klatscher beherrschen, können sie diesen auch rechts-links im Wechsel ausführen (PkR – PkL).

▶ 42

Du, ich, Beine!

Text & Musik: Richard Filz

Version 1

		seitlich patschen	
Kk	K	Os	Os
Du,	ich,	Bei -	ne!

Version 2

rechts vor	links ran	seitlich patschen links rück	rechts ran
Kk	K	Os	Os
St	St	St	St
Du,	ich,	Bei -	ne!

Version 3 – Kanon

1 rechts vor	links ran	2 seitlich patschen links rück	rechts ran
Kk	K	Os	Os
St	St	St	St
Du,	ich,	Bei -	ne!

Du, ich, Beine! – ein Satz, viele knifflige Variationsmöglichkeiten und ein eindrucksvoller Überraschungsmoment am Ende. Neu ist das seitliche Oberschenkelpatschen vor und zurück. Nutzen Sie den Video-Clip, um einen ersten Eindruck zu gewinnen und sich die verschiedenen Versionen zu erarbeiten. Erfahrungsgemäß bereitet Version 1 den 8-Jährigen keine größeren Schwierigkeiten, wohingegen die Versionen 2 und 3 eher für die 9- und 10-Jährigen geeignet sind.

Schritt für Schritt

Schritt 1 – Version 1
Aufstellung im Stehkreis. Sprechen Sie den Text rhythmisch vor. Die Kinder sprechen mit. Beliebig wiederholen.

Schritt 2
Nehmen Sie die Klangfolge hinzu. Die Kinder spielen und sprechen mit. Beim Kreis-Klatscher blicken alle Kinder nach rechts auf die linke Hand des rechten Nachbarn. Beliebig wiederholen.

Schritt 3 – Version 2
Sprechen Sie den Text und nehmen Sie die Schrittfolge hinzu. Beliebig wiederholen.

Schritt 4
Wenn die Kinder die Schrittfolge automatisiert haben, nehmen Sie die Body Percussion-Folge hinzu. Beliebig wiederholen.

Schritt 5 – Version 3
Teilen Sie die Kinder in zwei Gruppen. Zählen Sie dazu laut im Uhrzeigersinn „1, 2, 1, 2" im Wechsel. Starten Sie die 1er Gruppe. Wenn dies sicher funktioniert, starten Sie die 2er Gruppe um zwei Viertel versetzt bzw. wenn die erste Gruppe „Bei-" spricht. Lassen Sie die Stimme weg und genießen Sie die tolle Choreografie, die durch das abwechselnde Vor- und Zurücktreten der beiden Gruppen entsteht. Stimmen Sie ein Lied an, das die Kinder kennen.

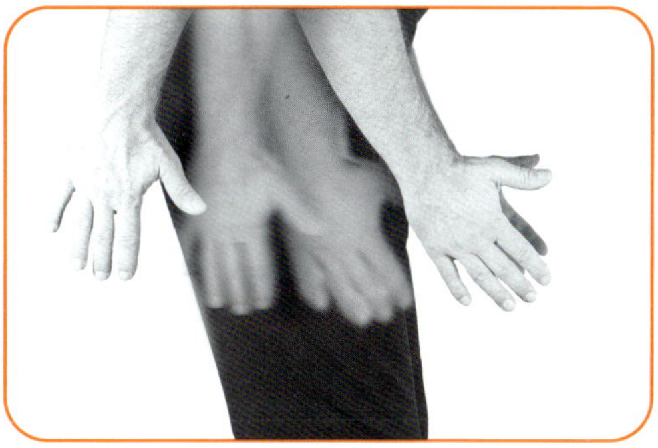

seitliches Oberschenkelpatschen zurück und vor

▶ 43

Clap, back, snap, go! im 4/4-Takt

Text & Musik: Richard Filz

K	Rük	Sn	KkR
Clap,	back,	snap,	go!

Clap, back, snap, bombastisch!

K		Rük		Sn		KkR	
Die -	se	Ü -	bung	läuft	per -	fekt!	
Je -	der	hat	das	Spiel	ge -	checkt!	
Clap,		back,		snap,	fan -	tas -	tisch!
Clap,		back,		snap,	bom -	bas -	tisch!

Clap, snap, go! im 3/4-Takt

K	Sn	KkR
Clap,	snap,	go!

Ihr wollt mehr? Bitte sehr! *Clap, back, snap, go!* reißt auch die letzten Rhythmusmuffel vom Hocker. Die englischen Bezeichnungen für die verschiedenen Klatsch- und Schnipsaktionen unterstützen die 9- und 10-Jährigen bei der Umsetzung der anspruchsvollen Klangfolge. Mit einem coolen Spruch und einem eventuellen Richtungswechsel macht das Ganze gleich doppelt so viel Spaß.

Schritt für Schritt

Schritt 1

Aufstellung im Steh- oder Sitzkreis, Hände in Ausgangsposition. Sprechen Sie den Text fortlaufend rhythmisch in einem langsamen Tempo vor. Die Kinder sprechen mit. Bereiten Sie das Klatschen in die linke Hand des rechten Nachbarn vor, indem Sie bei dem Wort „go" nach rechts blicken. Beliebig wiederholen.

Schritt 2

Nehmen Sie die Klangfolge hinzu. Die Kinder spielen und sprechen mit. Beliebig wiederholen.

Schritt 3

Wenn die Kinder die Klangfolge sicher beherrschen, können Sie den Sprechtext weglassen und stattdessen zu *Clap, back, snap, bombastisch!* übergehen. Sprechen Sie Satz für Satz rhythmisch vor. Die Kinder sprechen nach. Beliebig wiederholen.

Varianten

Clap, back, snap, go! bietet sich für die Weiterarbeit in mehreren aufeinander folgenden Rhythmuseinheiten an. Spielen Sie die Klangfolge beispielsweise zu Musikbeispielen mit unterschiedlichen Tempi. Lassen Sie den Sprechtext weg und singen Sie stattdessen ein bekanntes Lied. Oder üben Sie die Folge mit der linken Hand und sorgen Sie mit überraschenden Richtungswechseln für mehr Abwechslung (Ansage: „Rich-tungs-wech-sel!"). Auch das Spielen der entsprechend angepassten Klangfolge im 3/4-Takt ist möglich und schult das Taktgefühl der Kinder.

Ausgangsposition

Actionsongs

Und Action! Ob zu Beginn eines langen Unterrichtstages, als kurze Auflockerung zwischendurch oder als effektvolles Aufführungsstück – mit diesem Kapitel bringen Sie Ihre Lerngruppe mächtig ins Schwitzen. Die Actionsongs sind eine motivierende Zusammenfassung dessen, was die Kinder bereits gelernt haben (z. B. *Aufgewacht! 2* oder *Bum Bum Clap-Rhythmen*). Doch auch ohne Vorkenntnisse lassen sich die Stücke schnell und einfach umsetzen. Nutzen Sie die Video-Clips und Audio-Aufnahmen, um sich selbst einen ersten Eindruck zu verschaffen und sich die Stücke zu erarbeiten oder um die Kinder gleich mitmachen zu lassen.

Die Spielstücke

In diesem Kapitel finden Sie drei Actionsongs, die sich hinsichtlich ihres Charakters und ihres Schwierigkeitsgrades voneinander unterscheiden. Los geht es mit einem einfachen Muntermacher für die 5- bis 7-Jährigen. *Aufgewacht! 3* weckt die Kinder vom Kopf bis zu den Zehenspitzen und fasst die verschiedenen Klangflächen von *Aufgewacht! 2* (S. 66) noch einmal musikalisch zusammen. Die Herausforderung dabei ist, sich die Reihenfolge zu merken. Besondere Spielaktionen, wie das Klatschen im Refrain oder der Wechsel zwischen dem Oberschenkelpatschen und dem Klatschen am Schluss, sind der Musik allein nicht zu entnehmen. Hier sind Sie als Spielleiter gefragt, der die entsprechenden Aktionen deutlich vormacht. Doch je öfter die Kinder das Stück sehen bzw. hören und mitmachen, desto einfacher wird es ihnen fallen.

Mit *Luise auf der Wiese* sorgen Sie für mehr Schwung und Bewegung in Ihrer Lerngruppe. Kniebeuge, Hampelmann, Dauerlauf – das Sportprogramm von Luise ist ganz schön anstrengend, macht aber auch Spaß, vor allem nach einer längeren Konzentrationsphase. Das Stück eignet sich für die 7- bis 9-Jährigen und ist schnell erarbeitet. Kurz erklärt, wer Luise eigentlich ist, was sie den lieben langen Tag so macht, welche sportlichen Übungen sie zu absolvieren hat und dann kann es auch schon losgehen. Sie selbst müssen dabei wenig machen, denn Luise und die Kinder folgen einfach der Ansage – ganz nach dem Prinzip: „Erst sprechen, dann spielen". Nur das Zwischenspiel ist etwas knifflig, da es die verschiedenen Aktionen ohne Pause aneinanderreiht und dabei so manchen aus der Puste bringt. Aber mit etwas Übung gelingt auch diese Herausforderung mit Leichtigkeit.

Trommle dich fit! ist ein Actionsong, der die 8- bis 10-Jährigen anspricht. Auch er folgt dem Prinzip: „Erst sprechen, dann spielen", was die Erarbeitung und Umsetzung prinzipiell sehr einfach macht.

Nur der Refrain bedarf etwas Übung, denn er kombiniert *Bum Bum Clap-Rhythmen* (S. 56) mit *Butterfly! Bin dabei!* (S. 26). Auch besondere Aktionen, wie das Strecken der Hände oder die Schlusspose, sind gesondert zu besprechen.

Tipps zur Erarbeitung

Grundsätzlich sind die Actionsongs schnell und einfach umzusetzen, vor allem wenn die Kinder einzelne Stücke wie *Aufgewacht! 2 oder Butterfly! Bin dabei!* schon kennen. Ansonsten erfolgt die Erarbeitung über Vor- und Mitmachen. Wie genau Sie einzelne Formteile üben, hängt davon ab, welches Ziel Sie verfolgen. Wenn Sie die Actionsongs als Ritual oder kurze Auflockerung verwenden möchten, sollte der Spaß im Vordergrund stehen und weniger die genaue Umsetzung einzelner Spielaktionen. Anders verhält es sich, wenn Sie vorhaben, die Actionsongs im Rahmen einer Aufführung zu präsentieren. In diesem Fall sollten Sie Wert auf das Zusammenspiel der Gruppe und das sichere Beherrschen der Spielaktionen legen. Auch das Spielen in der Auftrittsformation sollte genau geübt werden. Tipps dazu finden Sie auf Seite 100.

▶ 44
▶ A1

Aufgewacht! 3

Text & Musik: Richard Filz

Refrain

4x

		K K	K
Auf - ge -	wacht!		

Strophe 1

4x

Ko	Ko	Ko	Ko
Oh	Oh	Oh	Oh
Na	Na	Na	Na
gähnen		strecken	

Strophe 2

4x

LS	RS	LS	RS
Br	Br	Br	Br
Ba	Ba	Ba	Ba
gähnen		strecken	

Strophe 3

4x

Os	Os	Os	Os
Kn	Kn	Kn	Kn
Ze	Ze	Ze	Ze
gähnen		strecken	

Strophe 4

auf die Schulter des rechten/linken Nachbarn patschen 4x

SN	SN	SN	SN
SN	SN	SN	SN
Po	Po	Po	Po
gähnen		strecken	

Schluss

Os	K	Os	K

4x

Os	K		

Wir sind wach!

▶ 45
▶ A2

Luise auf der Wiese

Text & Musik: Richard Filz

Refrain (mit Gesten unterstützen)
Auf einer Blumenwiese
steht die Kuh Luise.
Frisst und frisst den ganzen Tag!
Sport kommt dann am Donnerstag!

Strophe

			Kniebeuge	
			↓	↑
Text	In die	Knie!		
			Kniebeuge	
			↓	↑
Text	Run - ter,	rauf!		
			Hampelmann	
			Sp	Sp
Text	Ham - pel -	mann!		
			am Platz laufen	
			St St	St
Text	Dau - er -	lauf!		
			vorwärts springen	
			Sp	Sp
Text	Rechts nach	vorn!		
			rückwärts springen	
			Sp	Sp
Text	Links zu -	rück!		

		180° Drehung	180° Drehung
		Sp	Sp
Ein - mal	dreh'n!		

		cooler Blick	zurück zum Anfang
Coo - ler	Blick!		

Zwischenspiel

Kniebeuge			
↓	↑	↓	↑
In die	Knie!	Run - ter,	rauf!

Hampelmann		am Platz laufen	
Sp	Sp	St St	St
Ham - pel -	mann!	Dau - er -	lauf!

vorwärts springen		rückwärts springen	
Sp	Sp	Sp	Sp
Rechts nach	vorn!	Links zu -	rück!

180° Drehung		beim 1. Mal Blick über die Schulter	2x
Sp	Sp		
Ein - mal	dreh'n!	Coo - ler	Blick!

Schluss (mit Gesten unterstützen)
Auf einer Blumenwiese
steht die Kuh Luise.
Sie hat genug jetzt von dem Sport.
Die Wiese ruft, sie muss jetzt fort!
Muh, ... und tschüss!

▶ 46
▶ A3

Trommle dich fit!

Text & Musik: Richard Filz

Trommeln macht euch wach und fit! Seid dabei und trommelt mit!
One, two, one two, here we go!

Strophe 1

4x

		Br	Br	Br	
		Ba	Ba	Ba	
		Kn	Kn	Kn	
		Ko	Ko	Ko	
Auf / Auf / Auf / O -	die / den / das / ben -	Brust! / Bauch! / Knie! / auf!			

4x

		Os	Os	Os	
		Oh	Oh	Oh	
		LOa	ROa	LOa	
		Hände	i.d. Höhe		
Auf / Auf / Auf / Singt	das / das / den / im	Bein! / Ohr! / Arm! / Chor!	Yooo!		

Refrain

Br		K		Br	Br	K	
bum		clap		bum	bum	clap	

Br	Br	K	Br	Br		K	
bum	bum	clap	bum	bum		clap	

Br	K	Bf	Bf	Bf
bum	clap	but -	ter -	fly

auf sich zeigen — 2x

Bf	Bf	Bf			
But -	ter -	fly!	Bin	da -	bei!

Strophe 2

4x

		Ze	Ze	Ze
		Ko	Ko	Ko
		Ze	Ze	Ze
		Ko	Ko	Ko

Auf den Zeh!
Auf den Kopf!
Auf den Zeh!
Auf den Kopf!

4x

	Ze		Ko
	Ze		Ko
	Ze		Ko
	Po		Hände i.d. Höhe

Zeh! Kopf!
Zeh! Kopf!
Zeh! Kopf!
Po! Yoooo!

Schluss

	Schlusspose
	Yeah!

Aufführungsstücke

Herzlich W-I-L-L-K-O-M-M-E-N! Nach einer intensiven Erarbeitungs- und Probenphase heißt es: „Vorhang auf und toi, toi, toi!" Vor Eltern, Freunden und Bekannten aufzutreten, ist für Kinder aufregend und motivierend zugleich. Endlich können sie zeigen, was sie gelernt haben. Die strahlenden Gesichter der stolzen Eltern und der kräftige Applaus der Zuhörer stärkt nicht nur das Selbstbewusstsein der Kinder, sondern auch das Wir-Gefühl der Gruppe.

Damit die Aufführung zu einem Erfolg wird, müssen Sie nicht immer ein Konzert organisieren. Es reicht auch eine einfache Präsentation, die den spaßbetonten Unterrichtsprozess in den Mittelpunkt stellt und zeigt, wie Sie mit den Kindern arbeiten bzw. gearbeitet haben. Dafür eignen sich die rhythmischen Muntermacher ebenso wie die kurzen 10 Minuten Rhythmus-Sätze oder die Kreisspiele. Für große Augen sorgt auch ein Body Percussion-Circle mit einem kräftigen Wirbel und Abschlag am Ende.

Kleine Präsentationen sind schnell und ohne großen Mehraufwand organisiert, zum Beispiel am Ende eines Schultages, wenn die Eltern ihre Kinder abholen, oder im Rahmen eines Elternabends. Sie lassen sich ohne Weiteres im Klassenzimmer durchführen, was den Kindern ein Gefühl von Sicherheit gibt, da sie den Raum kennen. Anders gestaltet sich die Situation bei Schulkonzerten, die in der Aula oder in der Turnhalle stattfinden. Die besondere Atmosphäre und die veränderten Rahmenbedingungen, wie zum Beispiel der größere Raum, das Spielen auf einer Bühne oder die ungewohnte Akustik, sind für die Kinder neu und mitunter sehr aufregend. Umso wichtiger ist es, den Auftritt lange und gut vorzubereiten. Die folgenden Tipps sollen Sie bei der Planung und Umsetzung unterstützen.

Tipps für Aufführungen

- Stückauswahl: Orientieren Sie sich am Leistungsstand Ihrer Gruppe. Wählen Sie lieber ein leichteres Stück, bei dem sich die Kinder sicher fühlen und das sie dann auch mit Überzeugung aufführen.

- Vorbereitungszeit: Geben Sie sich und den Kindern ausreichend Zeit zum Üben. Planen Sie so, dass das Stück zwei Wochen vor der Aufführung sicher beherrscht wird.

- Probentipps: Achten Sie von Anfang an darauf, dass die Sprechtexte gut zu verstehen sind. Auch den formalen Ablauf des Stückes sollten die Kinder beherrschen. Lassen Sie Formteile weg, wenn dies zur Sicherheit beiträgt. Erarbeiten Sie eventuell eine passende Choreografie sowie eine wirkungsvolle Schlusspose, die am Ende des Stückes 5 Sekunden gehalten wird.

- Üben Sie das Stück in der Auftritts-Aufstellung. Legen Sie von vornherein fest, wo jedes einzelne Kind steht. Planen Sie, falls möglich, eine Generalprobe am Auftrittsort ein. Üben Sie in diesem Zusammenhang das zügige Auf- und Abgehen von der Bühne sowie die gemeinsame Verbeugung am Ende des Stückes. Sagen Sie den Kindern, dass sie dabei gerne zu ihren Eltern schauen und winken dürfen, wohingegen sie während des Auftritts ausschließlich auf Sie achten sollen.

- Aufführungstipps: Legen Sie Wert darauf, dass die Kinder so stehen, wie Sie es bei der Probe besprochen haben. Achten Sie gleichzeitig darauf, dass Sie und die Kinder gut zu sehen sind. Organisieren Sie dazu gegebenenfalls ein Podest. Moderieren Sie das Stück überzeugend an. Gehen Sie bei besonders schwer zu verstehenden Texten kurz auf den Inhalt ein. Fordern Sie einen kräftigen Auftritts-Applaus, der die Kinder bestärkt. Treten Sie freudestrahlend und mit einer entsprechenden Körperspannung vor Ihre Gruppe. Wenn Sie strahlen, werden es auch die Kinder tun. Und was gibt es Schöneres, als eine energiegeladene Aufführung, bei der man merkt, dass alle Beteiligten Spaß haben.

Die Spielstücke

In diesem Kapitel finden Sie vier grundsätzlich verschiedene Stücke. *Wir sind Freunde!* und *Mann, das war ein tolles Jahr!* sind Aufführungsstücke, die sich vor allem für die 6- bis 8-Jährigen eignen, denn sie sind vergleichsweise einfach und doch wirkungsvoll. Mit *Herzlich W-I-L-L-K-O-M-M-E-N* sorgen Sie zusammen mit den 8- bis 10-Jährigen für eine Begrüßung der etwas anderen Art. Witzig und spannend zugleich geht es bei *Dr. Zweistein & KUIX 27C* zu. Die komplexen Spielaktionen werden nicht nur die 9- und 10-Jährigen, sondern auch das Publikum in Staunen versetzen.

▶ 47

Wir sind Freunde!

Text & Musik: Richard Filz, Janice Höber-Filz

Refrain

Os		Os		Os		Os
Ich	und	du!		Ich	und	du!

2x

K	K	K		K
Wir	sind	Freun	-	de!

Strophe 1

Gesten

Freun	-	de	sind	zum	Spie	-	len	da!
Freun	-	de	sind	zum	La	-	chen	da!
Freun	-	de	sind	zum	Hel	-	fen	da!
Freun	-	de,	die	sind	im	-	mer	da!

4x

Os	Os	Os	Os	St	St	K

Strophe 2

Gesten

Freun	-	de	sind	zum	Träu	-	men	da!
Freun	-	de	sind	zum	To	-	ben	da!
Freun	-	de	sind	zum	Trös	-	ten	da!
Freun	-	de,	die	sind	im	-	mer	da!

4x

Os	Os	Os	Os	St	St	K

Freunde sind wichtig und immer für einen da! Dies ist auch die Botschaft des Aufführungsstückes für die 7- bis 9-Jährigen. Es ist bewusst einfach gehalten, sodass es leicht erarbeitet werden kann und zu einem schnellen Erfolgserlebnis führt. So basiert beispielsweise die Strophe auf dem Prinzip: „Erst sprechen, dann spielen". Wobei der Body Percussion-Rhythmus dem Sprechrhythmus entspricht und in beiden Strophen gleich ist. Die verschiedenen Anlässe bieten sich für eine Umsetzung mit Gesten an. Weitere Ideen und Varianten zu diesem Stück finden Sie in dem Lehrwerk *Trommeln mit Kids* (S. 64).

Schritt für Schritt

Schritt 1

Beginnen Sie mit der Erarbeitung des Refrains. Sprechen Sie Zeile für Zeile rhythmisch vor. Die Kinder sprechen nach. Nehmen Sie mit zunehmender Textsicherheit die Body Percussion-Klänge hinzu. Die Kinder spielen mit. Beliebig wiederholen.

Schritt 2

Konzentrieren Sie sich bei der Erarbeitung der beiden Strophen zunächst auf die Klangfolge. Sollten die Kinder den *Namens-Rhythmus 5* (S. 52) bereits kennen, brauchen Sie ihn an dieser Stelle lediglich zu wiederholen. Ansonsten erarbeiten Sie den Rhythmus wie auf Seite 53 beschrieben.

Schritt 3

Erarbeiten Sie den Text der beiden Strophen. Sprechen Sie Satz für Satz rhythmisch vor. Unterstützen Sie die Textaussage durch passende Gesten. Die Kinder sprechen und machen nach. Beliebig wiederholen. Üben Sie mit zunehmender Sicherheit den Wechsel zwischen den einzelnen Textzeilen und dem Body Percussion-Rhythmus.

Schritt 4

Fügen Sie die einzelnen Formteile zusammen und üben Sie die Übergänge.

Ablauf

- Refrain
- Strophe 1
- Refrain
- Strophe 2
- Refrain

▶ 48

Mann, das war ein tolles Jahr!

Text & Musik: Richard Filz, Janice Höber-Filz

Refrain

Os	Os	Os	Os
Mann, das	war ein	tol - les	Jahr!

Os	Os	K K	K
Spit - zen -	klas - se,	wun - der -	bar!

Strophe 1, 2

Le - sen,	schrei - ben,	tan - zen,	sin - gen!
Zäh - len,	rech - nen,	klet - tern,	sprin - gen!
Bit - te,	dan - ke,	freund - lich	grü - ßen!
Bas - teln,	ma - len,	Blu - men	gie - ßen!

2x

Br Br	Br Br	Os Os	Os Os

		Os Os	K
Kann ich	schon!		

		Os Os	K
Kann ich	schon!		

Zwischenspiel

90° Drehung

4x

Sp	Sp	K K	K

Mann, das war ein tolles Jahr! ist ein Stück, in dem die 7- und 8-Jährigen am Ende eines aufregenden Schuljahres zeigen können, was sie alles gelernt haben – und dazu gehört nicht nur Deutsch, Mathematik und Sport, sondern auch eine eindrucksvolle Body Percussion-Performance. Da es eine ganze Menge ist, was die Kinder bereits können, besteht das Stück vergleichsweise aus sehr viel Text. Um die Kinder beim Lernen zu unterstützen, bietet sich das Arbeiten mit Memorierungskarten an, die sie selbst gestalten können.

Schritt für Schritt

Schritt 1

Erarbeiten Sie zunächst den Refrain. Sprechen Sie Satz für Satz rhythmisch vor. Die Kinder sprechen nach. Nehmen Sie die Body Percussion-Klänge hinzu. Die Kinder spielen mit. Beliebig wiederholen.

Schritt 2

Erarbeiten Sie Strophe 1 (Zeile 1 und 2). Sprechen und spielen Sie im Wechsel Satz für Satz deutlich vor. Die Kinder machen nach. Beliebig wiederholen. Mit zunehmender Sicherheit können Sie dann stolz sagen: „Kann ich schon!" Sprechen und spielen Sie abwechselnd. Die Kinder machen mit. Beliebig wiederholen. Gehen Sie bei Strophe 2 (Zeile 3 und 4) nach dem gleichen Prinzip vor.

Schritt 3

Erarbeiten Sie das Zwischenspiel über Vor- und Mitmachen. Führen Sie am Anfang die Sprünge ohne Richtungswechsel aus. Erst wenn die Kinder die Abfolge beherrschen, nehmen Sie das viermalige Drehen über die rechte Schulter hinzu. Beliebig wiederholen.

Schritt 4

Setzen Sie die einzelnen Formteile zusammen und üben Sie die Übergänge.

Ablauf

- Refrain
- Strophe 1 (Zeile 1 und 2)
- Zwischenspiel
- Refrain
- Strophe 2 (Zeile 3 und 4)
- Zwischenspiel
- Refrain

▶ 49

Herzlich W-I-L-L-K-O-M-M-E-N!

Text & Musik: Richard Filz

Refrain

	Br Br	Os Os	K

Herz - lich! Will-

2x

	Br Br	Os Os	K

kom - men!

Strophe

4x

		St St	St
		Os Os	Os
		K K	K
		Wa Wa	Wa

W - I - L!
L - K - Ö!
M und M!
E und N!

Zwischenspiel

1./2. Mal Schritte nach rechts, 3./4. Mal Schritte nach links

St St	St	Os Os	Os

4x

K K	K	Wa Wa	Wa

Schluss

			Schlusspose
			Sp

Herz - lich will - kom - men!

Die Eröffnung des neuen Schuljahres, kleine Präsentationen, Elternabende, Schulkonzerte – es gibt verschiedene Anlässe für eine freundliche Begrüßung. Mit *Herzlich W-I-L-L-K-O-M-M-E-N!* empfangen Sie zusammen mit den 8- bis 10-Jährigen das Publikum auf eine sehr originelle Art und sorgen damit von Beginn an für mehr Aufmerksamkeit und Unterhaltung.

Schritt für Schritt

Schritt 1

Erarbeiten Sie zunächst den Refrain. Sprechen und spielen Sie im Wechsel langsam und deutlich vor. Die Kinder machen mit. Beliebig wiederholen.

Schritt 2

Erarbeiten Sie die Strophe. Sprechen und spielen Sie wechselweise die einzelnen Zeilen mehrfach hintereinander. Die Kinder machen nach. Beliebig wiederholen.

Schritt 3

Fügen Sie die einzelnen Body Percussion-Klänge zusammen und erarbeiten Sie so das Zwischenspiel. Führen Sie die Stampfer so lange am Platz aus, bis die Kinder die Klangfolge sicher beherrschen. Erst dann nehmen Sie das Stampfen nach rechts und links hinzu. Beliebig wiederholen.

Schritt 4

Sprechen Sie den Schluss rhythmisch vor. Die Kinder sprechen nach. Gestalten Sie gemeinsam mit Ihrer Gruppe eine Schlusspose. Üben Sie in diesem Zusammenhang das 5-sekündige Halten der Schlusspose. Beliebig wiederholen.

Schritt 5

Fügen Sie die einzelnen Formteile zusammen und üben Sie die Übergänge.

Ablauf

- Refrain
- Strophe
- Zwischenspiel
- Refrain
- Strophe
- Zwischenspiel
- Schluss

▶ 50

Dr. Zweistein & KUIX 27C

Text & Musik: Richard Filz

Dr. Zweistein (Dr. Z.): Sehr geehrte Damen und Herren, ich möchte Ihnen das neue Modell KUIX 27C vorstellen. Ich habe 27 Jahre an diesem außergewöhnlichen Roboter gearbeitet. Das „C" steht für „cool".

Einleitung

Dr. Z. drückt auf seine Fernbedienung			
blip	blip	blip	blip

Bereitposition	Roboterschritte am Platz		
	St St	St St	St
wRRRtz!			

A-Teil

Dr. Z.		Alle	
K K	K	Br Br	Br

		Arme anwinkeln	
Ba Ba	Ba Ba	St St	St

Dr. Z.		Alle	
K K	K	Br Br	Br

hin- und herreiben		Oberkörper zur Seite und zurückdrehen	2x
Br	Br		
		Swuu -	sch!

B-Teil

90° Drehung — seitlich reiben

St St	St St	Ok	Ok

Oberkörper vor- und zurückneigen — 4x

Br Br	Ba Ba		
		Klee -	k!

Zwischenspiel

Oberkörper vor- und zurückneigen — bel. wdh.

Br Br	Ba Ba		
		Klee -	k!

Mit jeder Wiederholung schneller werden, die Roboter geraten außer Kontrolle. Dr. Z. drückt wie wild auf seine Fernbedienung und betätigt schließlich den Ausschalter „Bliiip!" Alle bleiben stehen (Freeze). Dr. Z. überprüft die Roboter. Er geht von einem zum anderen und spielt dabei auf deren Schultern.

Dr. Z.

S S	S	K K	K

bel. wdh.

S S	S S	S	Na
			Nöök! (Roboter)

Schluss

Oberkörper zur Seite und zurückdrehen — Oberkörper vor- und zurückneigen — 2x

Swuu -	sch!	Klee -	k!

Dr. Z. betätigt Ausschalter Alle: winken, Kopf senken

Blip!	Bye!

KUIX 27C heißt das neue Modell, das Dr. Zweistein nach nur 27 Jahren Arbeit stolz präsentiert. Zugegeben, der Roboter ist vielleicht noch nicht ganz perfekt, aber sein eindrucksvoller Panzer und seine anspruchsvolle Performance werden nicht nur die 9- und 10-Jährigen, sondern auch das Publikum in Staunen versetzen. Aufgrund der umfangreichen Formteile empfiehlt es sich, für den Ersteindruck und die Erarbeitung den Video-Clip heranzuziehen.

Schritt für Schritt

Schritt 1
Schalten Sie die „Roboter" ein und erarbeiten Sie die Einleitung über Vor- und Mitmachen. Übernehmen Sie die Rolle des Dr. Zweisteins oder bestimmen Sie von Anfang an ein Kind, das die entsprechenden Spielaktionen übernimmt.

Schritt 2
Erarbeiten Sie den Schluss mit den beiden wichtigsten Roboterbewegungen und dem Abschalten über Vor- und Mitmachen. Beliebig wiederholen.

Schritt 3
Im A-Teil reagieren die „Roboter" auf die Klatscher von Dr. Zweistein mit zwei unterschiedlichen Klangfolgen. Erarbeiten Sie diese nacheinander über Vor- und Mitmachen. Beliebig wiederholen.

Schritt 4
Erarbeiten Sie den B-Teil Zeile für Zeile im langsamen Tempo über Vor- und Mitmachen. Führen Sie die Stampfer zunächst ohne Richtungswechsel aus. Erst wenn die „Roboter" die Abfolge beherrschen, nehmen Sie das viermalige Drehen über die rechte Schulter hinzu. Beliebig wiederholen.

Schritt 5
Da die „Roboter" die Klangfolge im Zwischenspiel bereits kennen, brauchen Sie an dieser Stelle lediglich das Auseinanderlaufen und die Freeze-Position üben. Beliebig wiederholen.

Schritt 6
Fügen Sie die einzelnen Formteile zusammen und üben Sie die Übergänge.

Ablauf

- Moderation Dr. Zweistein
- Einleitung
- A-Teil
- B-Teil
- Zwischenspiel
- Einleitung
- A-Teil
- B-Teil
- Schluss

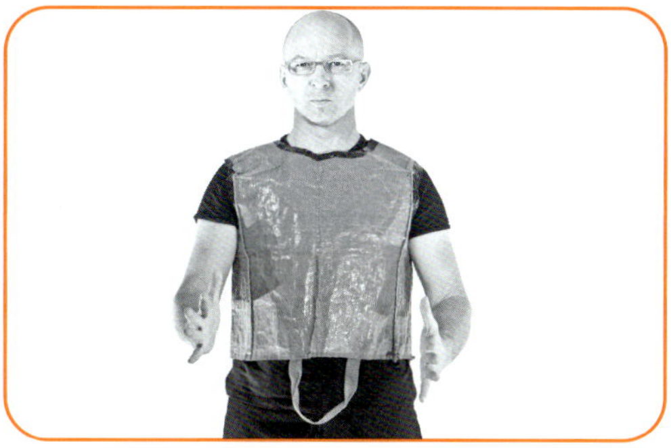

„Swuu-sch!" Oberkörper zur Seite und zurück

„Klee-k!" Oberkörper vor- und zurückneigen

Roboter-Panzer

Bastelanleitung

Material: Papier-, Plastik- oder Jute-Tüte (ca. 40x20x40 cm)

In die Mitte des Bodens ein ca. 20 cm großes Loch für den Kopf und an den unteren Seiten zwei ca. 15 cm große Löcher für die Arme schneiden. Die Ränder gegebenenfalls mit Klebeband (Gaffer-Tape) verstärken. Den Panzer nach Belieben gestalten.

Body Percussion-Circle

Ihr wollt mehr? Bitte sehr! Mit nur wenigen Handzeichen gestalten Sie ein einzigartiges Rhythmus-Gemeinschafts-Erlebnis, das alle mitnimmt und begeistert.

Das Konzept des Body Percussion-Circles leitet sich vom Drum-Circle ab. Dessen Grundidee ist es, eine Gruppe rhythmusbegeisterter Menschen zusammenzubringen und mit Percussioninstrumenten wie Djemben, Shakern, Cowbells oder Claves eine Trommelmusik zu gestalten. Angeleitet werden sie dabei von einem „Facilitator" (dt. Vermittler, Moderator). Unter seiner Leitung entstehen improvisierte Arrangements.

Bei einem Body Percussion-Circle wird ohne Percussioninstrumente gespielt, der eigene Körper kommt als einzigartiges Klang- und Rhythmusinstrument zum Einsatz. Die Grundvoraussetzung ist, dass die Gruppe bereits etwas Rhythmuserfahrung besitzt und einen Body Percussion-Rhythmus über längere Zeit durchhalten kann. Dafür eignen sich besonders die einfachen *Tier-Rhythmen* (S. 48), die *Namens-Rhythmen* (S. 52) sowie die *Bum Bum Clap-Rhythmen* (S. 56, 57). Auch die 10 Minuten Rhythmus-Sätze aus Kapitel 3 bieten sich an.

Tipps zum Body Percussion-Circle

- Machen Sie sich mit den verschiedenen Handzeichen, den sogenannten Circle-Zeichen, vertraut (S. 114). Mit ihnen gestalten Sie nonverbal den Circle-Ablauf.
- Treten Sie selbstbewusst und mit einer entsprechenden Körperspannung vor Ihre Gruppe. Stellen Sie Blickkontakt her, ehe Sie ein Zeichen geben.
- Leiten Sie mit Hilfe der verschiedenen Handzeichen einen Circle an, ohne diese vorerst zu erläutern. Erklären Sie die Zeichen je nach Bedarf! Gehen Sie Schritt für Schritt vor und führen Sie die Zeichen nacheinander ein.
- Starten Sie mit dem „Mini-Circle" und probieren Sie die verschiedenen Abläufe (S. 116 – 119).
- Kombinieren Sie mit zunehmender Sicherheit die verschiedenen Handzeichen und erfinden Sie schließlich eigene Circles!

Mini-Circle

Weniger ist mehr! Starten Sie mit einem Mini-Circle und sorgen Sie nur mit Hilfe von Starts und Stopps für ein Erfolgserlebnis, das Lust auf mehr macht.

Schritt für Schritt

Schritt 1

Aufstellung im Stuhlkreis. Sie stehen auf der 12-Uhr-Position. Wählen Sie einen Basis-Rhythmus, z. B. „Lu-kas, Le-o-nie" (*Namens-Rhythmus 1*, S. 52). Sprechen Sie den Rhythmus vor, die Kinder sprechen mit. Nehmen Sie die Body Percussion-Aktionen hinzu. Die Kinder machen mit. Beliebig wiederholen.

Schritt 2

Wenn der Rhythmus stabil läuft, hören Sie selbst auf zu spielen und geben stattdessen das Zeichen zum Weiterspielen (Weiterspielen-Zeichen).

Schritt 3

Vergewissern Sie sich, dass die Kinder zu Ihnen sehen und stoppen Sie den Rhythmus (Stopp-Zeichen). Wenn nicht alle Kinder beim ersten Mal reagieren, wiederholen Sie das Zeichen und unterstützen die nonverbale Aktion, indem Sie „Stopp!" sagen.

Schritt 4

Starten Sie den Circle, indem Sie laut einzählen: „Eins, zwei, los geht's!" und den Basis-Rhythmus mitspielen. Üben Sie das Starten und Stoppen nach Belieben. Übertragen Sie die Rolle des Spielleiters einem Kind. Loben Sie Ihre Gruppe nach Beendigung des Circles: „Fantastisch!"

Circle-Zeichen und Aktivitäten

Weiterspielen: Unterarme umeinander kreisen

Stopp: Arme kreuzen, Arme senken, gleichzeitig mit einem Fuß stampfen

eins

zwei

drei

vier

Start durch Einzählen mit den Fingern

Auswählen (Halbkreis, Viertelkreis usw.)

Wirbel: beide Hände schnell hin- und herbewegen

Lauter werden: Arme heben, Handflächen zeigen nach oben

Leiser werden: Arme senken, Handflächen zeigen nach unten

ein Schlag

zwei Schläge

drei Schläge

vier Schläge

Breaks mit Fingern anzeigen, entsprechende Anzahl an Schlägen auf den eigenen Oberschenkeln ausführen

Echo: Echotakte vormachen

Loben: „Fantastisch!"

Circle-Abläufe

Circle 1: Gruppenteilung – Stopp – Start

	Zeichen	Aktivität
1	Start: Basis-Rhythmus durch Vor- und Mitmachen oder Einzählen starten	auf der 12-Uhr-Position beginnen, dann in die Kreismitte gehen, alle spielen Basis-Rhythmus
2	Auswählen: Halbkreis	Gruppe 1 zuwenden, Blickkontakt
3	Weiterspielen	eventuell dazu sprechen: „Bitte weiterspielen, egal was passiert!"
4	Auswählen: Halbkreis	Gruppe 2 zuwenden, Blickkontakt
5	Stopp	Gruppe 2 stoppt, Gruppe 1 spielt weiter
6	Start: Basis-Rhythmus durch Einzählen und Mitmachen starten	Gruppe 2 startet mit dem Basis-Rhythmus
7	Weiterspielen	eventuell dazu sprechen: „Bitte weiterspielen, egal was passiert!"
8	Auswählen: Halbkreis	Gruppe 1 zuwenden, Blickkontakt
9	Stopp	Gruppe 1 stoppt, Gruppe 2 spielt weiter
10	Start: Basis-Rhythmus durch Einzählen und Mitmachen starten	Gruppe 1 startet mit dem Basis-Rhythmus
11	Stopp	auf die 12-Uhr-Position gehen, Circle beenden

Wiederholen Sie das Starten und Stoppen der halben Gruppen nach Belieben. Mit verschiedenen Basis-Rhythmen probieren!

Circle 2: Gruppenteilung – Stopp – Wirbel – laut/leise – Start

	Zeichen	Aktivität
1	Start: Basis-Rhythmus durch Vor- und Mitmachen oder Einzählen starten	auf der 12-Uhr-Position beginnen, dann in die Kreismitte gehen, alle spielen Basis-Rhythmus
2	Auswählen: Halbkreis	Gruppe 1 zuwenden, Blickkontakt
3	Weiterspielen	eventuell dazu sprechen: „Bitte weiterspielen, egal was passiert!"
4	Auswählen: Halbkreis	Gruppe 2 zuwenden, Blickkontakt
5	Stopp	Gruppe 2 stoppt, Gruppe 1 spielt weiter
6	Wirbel: Handzeichen oder auf den Oberschenkeln spielen	Gruppe 2 führt den Wirbel auf den Oberschenkeln aus
7	laut/leise	Gruppe 2 führt den Wirbel entsprechend lauter oder leiser aus
8	Stopp	Gruppe 2 stoppt (Abschlag auf den Oberschenkeln)
9	Start: Basis-Rhythmus durch Einzählen und Mitmachen starten	Gruppe 2 startet mit dem Basis-Rhythmus
10	Stopp	auf die 12-Uhr-Position gehen, Circle beenden

Wiederholen Sie die Schritte 4 - 9 mit Gruppe 1. Mit verschiedenen Basis-Rhythmen probieren!

Circle 3: Gruppenteilung – Stopp – Breaks – Start

	Zeichen	Aktivität
1	Start: Basis-Rhythmus durch Vor- und Mitmachen oder Einzählen starten	auf der 12-Uhr-Position beginnen, dann in die Kreismitte gehen, alle spielen Basis-Rhythmus
2	Auswählen: Halbkreis	Gruppe 1 zuwenden, Blickkontakt
3	Weiterspielen	eventuell dazu sprechen: „Bitte weiterspielen, egal was passiert!"
4	Auswählen: Halbkreis	Gruppe 2 zuwenden, Blickkontakt
5	Stopp	Gruppe 2 stoppt, Gruppe 1 spielt weiter
6	Break 1, 1x auf die Oberschenkel patschen	Gruppe 2 führt gleichzeitig einen Schlag auf die Oberschenkel aus
7	Break 2, 2x auf die Oberschenkel patschen	Gruppe 2 führt gleichzeitig zwei Schläge auf die Oberschenkel aus
8	Break 3, 4, 5, 27	Gruppe 2 führt die entsprechende Anzahl an Schlägen auf die Oberschenkel aus
9	Start: Basis-Rhythmus durch Einzählen und Mitmachen starten	Gruppe 2 startet mit dem Basis-Rhythmus
10	Stopp	auf die 12-Uhr-Position gehen, Circle beenden

Wiederholen Sie die Schritte 4 - 9 mit Gruppe 1. Mit verschiedenen Basis-Rhythmen probieren!

Circle 4: Gruppenteilung – Stopp – Echo – Start

	Zeichen	Aktivität
1	Start: Basis-Rhythmus durch Vor- und Mitmachen oder Einzählen starten	auf der 12-Uhr-Position beginnen, dann in die Kreismitte gehen, alle spielen Basis-Rhythmus
2	Auswählen: Halbkreis	Gruppe 1 zuwenden, Blickkontakt
3	Weiterspielen	eventuell dazu sprechen: „Bitte weiterspielen, egal was passiert!"
4	Auswählen: Halbkreis	Gruppe 2 zuwenden, Blickkontakt
5	Stopp	Gruppe 2 stoppt, Gruppe 1 spielt weiter
6	Echo, Echotakte vormachen	Gruppe 2 spielt Takt für Takt nach
7	Start: Basis-Rhythmus durch Einzählen und Mitmachen starten	Gruppe 2 startet mit dem Basis-Rhythmus
8	Stopp	auf die 12-Uhr-Position gehen, Circle beenden

Wiederholen Sie die Schritte 4 - 7 mit Gruppe 1. Mit verschiedenen Basis-Rhythmen probieren!

Richard Filz, MA PhD

Musiker, Autor, Komponist, Dozent

Geboren in Wiener Neustadt, Österreich

Drumset und Latin Percussion Masterstudium an der Konservatorium Wien Privatuniversität bei Prof. Walter Grassmann und am New Yorker Drummers Collective

Promotion an der Universität für Musik und Darstellende Kunst Wien mit dem Thema „Rhythm Coaching – Aspekte, Methoden, Vergleich" (2012)

Konzerte und Tourneen mit Rhythm4, Die Dorftrommler, Rhythm Xing, Richard Filz & Acoustic Instinct, Little Big Horns, Threeo, Rick Margitza, Bob Berg, Joseph Bowie, Bob Mintzer, Kei Akagi, Erich Kleinschuster, Austrian Jazzorchester, Sigi Finkel, Richard Graf

Mitwirkung bei 100 CD-Produktionen

Publikationen: Rhythm, Sound & Colour für Percussion-Ensemble (1998), World Music Cuba (2000), Vocal Percussion 1-3 (2002), Groove Karaoke (2003), Rhythm Coach Level 1+2 (2004/2007), Rap, Rhythm & Rhyme – Vocal Percussion in der Klasse (2006), Rhyth:MIX 1+2 (2008/2009), Rhythmus für Kids 1+2 (2008/2010), Lehr-DVD Vocal Percussion Basics (2009), Rhythm Voices (2009), Magic Groove Box – die Cajon in Spielgruppe und Klasse (2010), Body Percussion Sounds and Rhythms (2011), Rhythmus aus der Schultasche (2012), BodyGroove Kids 1+2 (2012/2013), Body-Groove Advanced (2014), Rhythm Start-Ups für Chor und Klasse (2014), Trommeln mit Kids (2014), Bum Bum Clap (2016), Complete Rhythm Method – Level 1+2 (2016/2017), Alles ist zum Trommeln da! (2018), Body HITS and BEATS (2018), Body Hits für Kids (2019), Rhythmusspiele für Kids (2020), Weihnachts-Bum Bum Clap (2020), Klassik-Body Percussion (2021)

Veröffentlichungen in Schlagzeug-Fachzeitschriften (Drum Heads) und in Musikpädagogik-Journalen (mip-journal, paMina, Klasse Musik, üben und musizieren)

Lehrtätigkeit am Konservatorium Eisenstadt (Österreich) in den Bereichen Schlagzeug, Percussion, Rhythmusschulung, Didaktik und Lehrpraxis, internationale Dozententätigkeit

Preise und Auszeichnungen: Gewinner des österreichischen Musikschulförderpreises (1998), Preisträger des Jeunesse Ideenwettbewerbes „Find it" (2000), Kulturpreisträger des Landes Niederösterreich (2003), Kulturpreisträger der Stadt Wiener Neustadt (2006), VDS-Medienpreis (2008/2010), Deutscher Musikeditionspreis (2015)

www.filz.at

Janice Höber-Filz

Pädagogin, Dozentin, Autorin

Geboren in Frankfurt (Oder), Deutschland

Studium zur Gymnasiallehrerin für die Fächer Musik (Hauptfach: Gesang) und Deutsch an der Universität Potsdam (Abschluss: Erstes Staatsexamen, 2008), Referendariat am Staatlichen Studienseminar Potsdam (Abschluss: Zweites Staatsexamen, 2010)

2004–2007 Assistentin am Institut für Musik und Musikpädagogik der Universität Potsdam, 2010–2011 Lehrtätigkeit an der Oberschule Frankfurt (Oder) sowie an der VHS Frankfurt (Oder), 2011–2013 Lehrtätigkeit am Gymnasium Seelow, seit 2013 freiberufliche Tätigkeit als Leiterin von Workshops, Webinaren und Kursen

Leiterin der RhythmOne-Akademie Katzelsdorf (Österreich), Geschäftsführerin der RhythmOne OG, internationale Dozententätigkeit

Publikationen: Die Sonatenhauptsatzform am analytischen Beispiel des 1. Satzes der 3. Sinfonie „Eroica" von Ludwig van Beethoven (2004), Klassik-Adaptionen in Populärer Musik als Gegenstand des Musikunterrichts (2007), Trommeln mit Kids (2014), Bum Bum Clap (2016), Alles ist zum Trommeln da! (2018), Body Hits für Kids (2019), Rhythmusspiele für Kids (2020), Weihnachts-Bum Bum Clap (2020)

Veröffentlichungen in Musikpädagogik-Journalen (Grundschule Musik, POPi.G., Musik in der Kita)

Download-Verzeichnis

Video-Clips

Kapitel 1

01 Mama Krokodil & Baby Krokodil
02 Klaus, die Maus
03 Butterfly! Bin dabei!
04 Tim, der Frosch 2
05 Hüpfen hält uns Hasen fit!
06 Elefant geht im Kreis!
07 Br, Ba, Los, Ros!
08 Ich hab' einen Wackelzahn!
09 Bärenkinder tapsen leise!
10 Hippo sucht ´ne Badewanne
11 Wer hat an der Uhr gedreht?
12 Manches Mal mag ich es still!

Kapitel 2

13 Tier-Rhythmen
14 Wir haben einen ganzen Zoo zu Haus!
15 Rechts-Links-Trommeln
16 Wir sind eine Affenbande!
17 Namens-Rhythmen
18 Bum Bum Clap-Rhythmen im 4/4-Takt
19 Alle Vöglein sind schon da!
20 Lasst uns froh und munter sein

Kapitel 3

21 Aufgewacht! 2 (Version 1)
22 Ich bin wach! (Version 2)
23 Ja, wir schaffen das!
24 Guten Morgen!
25 Are you ready?
26 Morgens lächeln!
27 Mein Gehirn schalt' ich jetzt ein!

Kapitel 4

28 Schön, dich zu sehen! (Variante 2)
29 Fleißig wie die Bienchen!
30 Zum Lachen! (Version 2)
31 Das habt ihr gut gemacht!
32 How are you?
33 Heute lassen wir es krachen!
34 Eine kleine Pause, bitte!
35 Ärmel hoch!
36 Weihnachtszeit
37 Hitzefrei!
38 Tschüss, bis zum nächsten Mal!

Kapitel 5

39 He, wie geht's dir? 2 (Version 2/3)
40 Hoch die Flossen!
41 Sieben, acht, Kissenschlacht!
42 Du, ich, Beine!
43 Clap, back, snap, go!

Kapitel 6

44 Aufgewacht! 3
45 Luise auf der Wiese
46 Trommle dich fit!

Kapitel 7

47 Wir sind Freunde!
48 Mann, das war ein tolles Jahr!
49 Herzlich W-I-L-L-K-O-M-M-E-N!
50 Dr. Zweistein & KUIX 27C

Audio-Aufnahmen

A1 Aufgewacht! 3
A2 Luise auf der Wiese
A3 Trommle dich fit!

Impressum

Buch
Redaktion: **Janice Höber-Filz**
Umschlag und Layout: **Effective Studios**
Notensatz: **Richard Filz**
Fotos: **Harry Pinter, Richard Filz**

RO-002
ISBN 978-3-9503833-1-7

4., korrigierte Auflage 2021

Video-Aufnahmen
Musik, Text und Arrangement: **Richard Filz, Janice Höber-Filz**
Einspielung: **Richard Filz, Janice Höber-Filz**
Ton, Kamera und Schnitt: **Effective Studios**
Regie: **Harry Pinter, Richard Filz, Janice Höber-Filz**
Regieassistent: **Ludwig Eckhardt**
Authoring und Mastering: **Effective Studios**

Audio-Aufnahmen
Arrangement und Einspielung: **Richard Filz, Janice Höber-Filz**
Mix und Mastering: **Christian Grosskopf**

Wir bedanken uns bei:
Volksschule 1 Guntramsdorf
Volksschule Lerchengasse Mödling
Volksschule Schwarzau am Steinfeld
Volksschule Sta. Christiana Frohsdorf
Angelika van den Brandt

effective Studios
www.effective-studios.com

RhythmOne®-Veröffentlichungen

Trommeln mit Kids
ISBN 978-3-9503833-0-0

Rhythmus- und Trommelspiele für 5- bis 10-Jährige

Alles ist zum Trommeln da!
ISBN 978-3-9503833-4-8

Rhythmus- und Trommelspiele mit Alltagsgegenständen

Body Hits für Kids
ISBN 978-3-9503833-6-2

Rhythmus- und Body Percussion-Actionsongs für 6- bis 12-Jährige

Rhythmusspiele für Kids
ISBN 978-3-9503833-8-6

Bewegungs- und Body Percussionspiele für 6- bis 12-Jährige

Weihnachts-Bum Bum Clap
ISBN 978-3-9503833-9-3

Rhythmus und Body Percussion zur Weihnachtszeit für 6- bis 12-Jährige

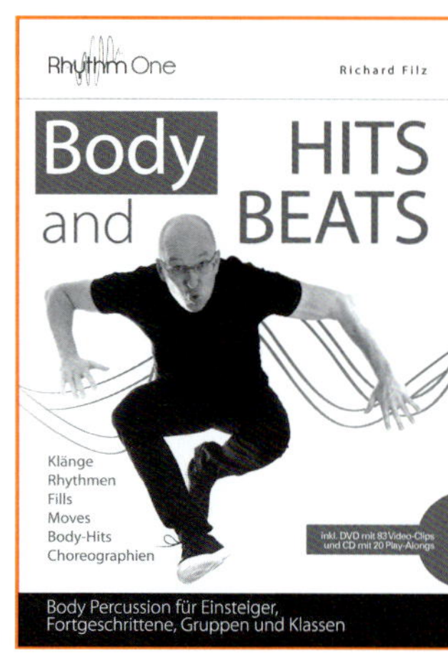

Body HITS and BEATS
ISBN 978-3-9503833-5-5

Body Percussion für Einsteiger, Fortgeschrittene, Gruppen und Klassen